콘텐츠 리터러시

콘텐츠 리터러시

김효은

스토리하우스

머리말

콘텐츠는 문자, 이미지, 음성에 플로우(flow)로 나타나는 인간 체험 방식뿐만 아니라 컴퓨터와 인간 사이의 언어까지 들여다볼 수 있는 개념과 구조가 필요하다. 디지털의 디짓(digit)은 0과 1로 이루어진 이진법이다. 인간이 기계, 컴퓨터에 명령을 내리는 방법은 이진법을 배경으로 한다. 전기적 신호를 주면 1, 전기적 신호를 주지 않으면 0이다. 0과 1을 조합한 010110, 101011 등과 같은 기호는 기계어, 어셈블리어 등이 되고, 인간의 언어에 가까울수록 고급 언어가 된다. 최근 개발에 많이 쓰이는 파이썬 프로그래밍 언어는 영어와 기호 등을 조합한 것으로 인간의 언어에 가깝다.

디지털 콘텐츠와 밀접한 관계를 맺고 있는 플랫폼은 컴퓨터 프로그래밍과 밀접한 관계를 맺고 있다. 컴퓨터 프로그래밍은 사용자가 체험하는 프론트 엔드(front-end) client side와 개발자가 다루는 백 엔드(back-end) sever side로 나눌 수 있다. 콘텐츠를 향유하는 존재는 백 엔드를 경험할 수 없고, 프론트 엔드만 경험할 수 있다. 백 엔드에서 디짓은 인간이 기계, 컴퓨터에 명령하는 기계어의 근본 단위가 된다.

빌렘 플루서의 독창적인 코무니콜로기, 소통학은 인간 인식의 경계를 재고하게 하면서, 경계를 재구성하는 지평을 열어준다. 플루서의 소통학에서 기술적 형상은 문자 이후에 등장하는 인류의 새로운 소통 도구이다. 이 글의 기술적 형상은 콘텐츠로 치환할 수 있다. 플루서는 소통의 근본 이유, 구조와 형식 등을 드러내면서 소통 그 자체에 대해 사유하고 있다. 이는 인간과 인간의 소통을 넘어 인간과 기계, 인간과 보이지 않는 존재와의 소통까지 유추할 수 있는 관점을 제공한다.

작가와 기자 등이 문자를 다루었다면, 이 시대의 크리에이터는 콘텐츠를 다룬다. 콘텐츠는 기술적 형상으로 개발자의 영역인 백엔드와 크리에이터의 영역인 프론트엔드로 나눌 수 있다. 프론트엔드 역시 프론트엔드 개발자가 사용자 경험 등을 고려하여 개발하는 경우가 있지만, 최근에는 노 코딩 도구들이 발달하면서, 코딩을 배우지 않고도 웹페이지나 애플리케이션, 메타버스 월드 등을 설계할 수 있다. 미래에는 노 코딩 도구들이 더욱 발달하면서 말이나 움직임으로 컴퓨터 프로그래밍을 할 수 있는 기술들이 등장할 것이다.

이 글에서는 디지털 콘텐츠 리터러시를 시작하기 위해 콘텐츠의 개념을 소통의 '경계와 방향'에서 출발하고 있다. 그리고 전통적인 리터러시가 문자를 대상으로 한 문해력, 의미를 파악하는 것을 다룬다면, 콘텐츠 리터러시는 과정 그 자체를 다룬다. 또한, 콘텐츠와 밀접한 관계를 맺고 있는 플랫폼, 디지털 기반의 기술적 형상을 기존의 의미나 장르로 분류하는 것이 아닌, 인간과 미디어가 관계맺는 과정을 통해 얻어진 기준인 '감각의 입출력'으로 분류해내고 있다.

이를 통해 지금까지 등장했던 콘텐츠와 플랫폼뿐만 아니라 아직 등장하지 않은 플랫폼의 좌표까지 정해줄 수 있으며, VR HMD(Head Mounted Display)의 한계를 분명하게 지적할 수 있다. HMD의 한계는 다음과 같다. 인간에게 시각 정보만 고도화해서 제공했을 때 어지럼증이 생길 수밖에 없고, 이 때문에 스마트폰을 쓰듯이 오랫동안 사용할 수 없다. 왜냐하면 감각의 입출력에서 보았을 때, 인간에게 귀로 들어가는 공기 압력 등의 균형감각 정보를 함께 제공해야 HMD의 어지럼증이 완화되기 때문이다. 하지만 공기 정보는 분자를 디지털화해서 처리·저장해야 하는 문제가 있으며, 이는 지금의 과학 기술로 해결할 수 없는 차원이다. 왜냐하면 분자를 디지털화하여 처리·저장이 가능해지면, 한 방향으로(미래로만) 흐르는 시간도 역방향이 가능해지며, 이는 시간여행이 가능해지는 차원이기 때문이다. 메타, 구글, 마이크로소프트 등 글로벌 IT기업이 메타버스 기기(VR HMD)를 개발하고 있으며, 정부 역시 메타버스 플랫폼에 많은 지원을 하고 있지만, VR HMD의 장래는 밝다고 보기 어렵다. 하지만 애플은 이 지점들을 피해 가고 있다.

2022년 특허를 낸 제스처를 통한 스마트링(Smart Ring)과 가상현실이 아닌 증강현실을 대상으로 하는 MR글래스를 볼 때, 미래에 스마트폰을 대신할 플랫폼 역시 애플이 선도할 가능성이 크다는 것을 전망할 수 있다. 이는 콘텐츠를 읽어내기 위해, 인간의 인식으로 쉽게 보이지 않는 부분, 백엔드(개발자 영역)와 기술의 숨겨진 의도를 파악하는 것이 중요하다는 것을 의미한다. 고대의 소통 도구였던 벽화(그림, 이미지)를 이해하기 위해 감성이라는 인간의 인식 능력이 필요했다면, 구두언어를 이해하기 위해 지성, 문자와 숫자를 이해하기 위한 이성이 요구되었다. 이제 가상현실이 마치 마법처럼 일상이 되는 미래에는 보이지 않는 영역에 대한 인간의 인식 능력이 더욱 요구될 것이다. 이는 의식과 다른 차원, 직관과 같은 소통 능력이 이성의 역할을 대체하게 될 것이다. 콘텐츠라는 용어가 도처에서 쓰이는 시대이지만, 그것이 무엇인지 분명하게 인식하고 있는 사람은 많지 않다. 이 글에서는 플루서가 먼저 썼던 용어인 기술적 형상을 콘텐츠로 치환하여, 그 의미를 보다 분명하게 이해하고자 하였다. 그리고 문자의 패러다임이 주도했던 의미 중심의 리터러시에서 기술의 해결 방법인 과정 중심의 리터러시를 밝히고, 이를 통하여 콘텐츠에 대한 새로운 차원의 이해가 필요함을 드러내고자 하였다.

2023년 02월
저자 김효은

차례

제1장
들어가면서

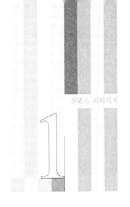

1. 의도

　"과장하지 않고 말하건대, 과거 철학이 맡았던 역할을 커뮤니케이션이론이 맡게 된다."1) 이기상은 플루서에 공감하며 우리에게 놓인 상황이 근본적으로 변했다고 하였고,2) 진중권 역시 플루서의 이론을 따르며 인문학에서 '미디어적 전회(medial turn)'가 일어나고 있다3)고 하였다.

　도미니크 불통4)은 21세기 혁명적 사건은 정보의 혁명이 아닌 소통의 혁명이라 하였다. 소통의 내용이 아닌 소통의 과정 자체를 사유하고자 하는 코무니콜로기는 소통을 인류 역사의 원리로 설명하는 독창적인 체계이지만, 그러한 관점이 대중에게 충분히 설득되지 못하였다. 코무니콜로기를 소통학이 아닌 기존의 매체철학 등으로 분류하는 현실은 코무니콜로기에 대한 이해가 제대로 이루어지지 않았다는 반증이기도 하다.

---

1) 빌렘 플루서, 『코무니콜로기』, 김성재 역, 커뮤니케이션북스, 2001, 244쪽.
2) 이기상, 「현상과 미디어」, 『존재론 연구』, 제30집, 2012, 4쪽, 이기상, 「문화콘텐츠학의 이념과 방향 : 소통과 공감의 학」, 『인문콘텐츠』, 제23호, 인문콘텐츠학회, 2011, 14~17쪽. 이기상·박범준, 『소통과 공감의 문화콘텐츠학』, Huine, 2016.
3) 진중권, 『이미지 인문학 1』, 천년의 상상, 2014, 8쪽.
4) 도미니크 불통, 『불통의 시대 소통을 읽다』, 채종대·김주노·원용옥 옮김, 살림, 2011.

하르트만은 문자의 도구였던 기술과 매체를 다루는 것 자체만으로 문자를 통해 엘리트 지위를 부여받았던 사람들의 반발을 일으킬 수 있다고 하였다. 코무니콜로기에 대한 독립적인 이해가 이루어지지 못했던 이유 역시 플루서의 텍스트를 이해할 수 있는 사람들이 그 이론이 제시하는 문자·텍스트가 일구어낸 주체 중심세계에서 기술적 형상이 만들 매체 중심세계로 이동한다는 패러다임을 버텨낼 수 없었던 것으로 보인다. 하지만 플루서는 새로운 존재 형식을 투명하고 분명하게 의식하지 못하게 된다면, 자율적인 전체주의의 지옥과 같은 대재앙을 맞게 될 것이라고 하였다.5) 문자가 인류사에 등장한 지 얼마 안 된 중세시대에 사회가 극단적 오류에 빠졌던 모습6)은 새로운 소통 도구가 등장할 때마다 그에 대한 분명한 이해가 동반되지 않음으로 인해 사회의 위기가 되풀이되고 있다는 것을 알 수 있다.

정보통신 기술이 세계와 인간의 관계를 구성하는 현대사회에서 일어나는 극심한 갈등과 위기의 모습들은 문자의 세계관으로 지금의 세계를 진단하거나 해결하는 것이 무기력하다는 것을 보여준다. 디지털 코드로 이루어진 사회를 통찰하고 문제해결을 모색할 수 있는 이론으로서 플루서의 연구가 재조명되어야 할 필요가 있다.7)

코무니콜로기는 디지털 코드가 문자보다 중요하다는 것이 아니라, 모든 소통 도구들이 코드화의 메커니즘을 통해 활성화하는 소통

---

5) 이기상, 「지구촌 시대의 존재사건과 통합적 시각의 필요성」, 『현대 유럽철학 연구』, 24 (2010.12): 1-46, 25쪽.
6) 문자와 인쇄술이 등장하던 중세시대에 마녀사냥 등 소통의 오류가 있었던 흑역사는 기술적 형상이 등장하면서 루머로 인한 연예인들의 자살 등에서도 보이듯 되풀이되고 있다.
7) 플루서는 기술로부터 인간의 자유를 수호한다는 점에서 코무니콜로기가 인문학이라고 하였다.

능력들이 있으며, 디지털 코드는 그 맥락에서 탄생하고 전개되었고, 이것이 일으키는 인간 소통 방식의 오류를 투명하게 인식하는 것이 중요하다는 것을 드러내는 것이다.

한편, 플루서는 소통의 이름으로 모든 철학부, 문학 및 사회학부, 예술대학 등을 통합할 수 있으며, '철학의 죽음'과 '정신과학과 예술의 위기'는 소통학과로 변화되는 과정으로 볼 수 있다고 하였다.8) 이와 함께 각각의 문제들은 '인간 소통의 문제들'로 모이고, 복합체적 성격을 띠게 될 것이라 하였다. 심혜련9)은 코무니콜로기가 '소통학'으로서 커뮤니케이션 체계 안에서 매체와 사유방식 그리고 이를 통해 사회체계 전반에 대한 새로운 융 · 복합적인 연구를 시도했다고 보았다.

또한, 플루서는 기술적 형상의 시대에 인간은 기획(Projekt)이 될 것이라 하였다. 이동미10)는 '인간은 더 이상 객관적인 세계의 주체가 아니라, 대안적인 세계들의 기획'이라는 플루서의 문장에 공감하며, 인간관의 변화는 점의 입자 코드를 집합시킴으로써 대안적인 세계를 실현하고, 인간 자신을 컴퓨터화하는 것으로 확인할 수 있다고 하였다.

플루서는 1980년대 초 인터넷의 대중화와 '기획'으로서의 인간을 전망했다. 인류 코드사(史)의 메커니즘을 정돈하고, 기술적 형상의 소통 과정을 사유한 것이 이 같은 전망의 근거가 된 것이다. 코무니콜로기는 기존의 카테고리를 해체하고, 새로운 기준을 사유하는 데

---

8) 플루서, 앞의 글, 257쪽.
9) 심혜련, 『사이버스페이스 시대의 미학』, 살림, 2006, 93쪽.
10) 이동미, 「디지털 시대의 글쓰기 : 빌렘 플루서의 『디지털 시대의 글쓰기』를 중심으로」, 중앙대학교 대학원 석사학위 논문, 2007.

도움을 준다. 이 글에서는 이 기준을 감각의 입·출력으로 보았으며, 이를 재구성하는 것이 기획한 의도이기도 하다. 시각의 입력이 이성을 활성화시킨다면, 오감의 입·출력은 직관을 불러일으킨다. 직관은 콘텐츠를 만드는 방식이 되기도 하고, 내용이 되기도 한다. 또한, 콘텐츠의 본질적 특성을 결정하는 것은 그것이 만들어지는 방식을 통해서이다. 한 방향의 직설법과 명령법을 탈-한방향인 원망법으로 전환함으로써 콘텐츠의 본질적 특성을 해체하는 것을 제안하고 있다. 이 연구의 목적은 내용이 아닌 소통 과정을 고찰함으로써 드러난 발상을 통해 콘텐츠의 본질과 독창적인 콘텐츠 기획 방법을 모색하고, 콘텐츠의 미래를 전망하는 것이다.

2. 용어의 범위

글의 의도를 효과적으로 전달하기 위해 용어에 대한 범위를 다음과 같이 한정하고자 한다.

코무니콜로기(kommunikologie)는 빌렘 플루서가 독일어로 쓴 것으로 한국어로 소통학 · 소통론 등으로 번역할 수 있으며, 소통의 과정과 소통 그 자체를 사유한 체계와 학문으로 볼 수 있다. 코무니케메(kommunikeme)는 소통의 '밈(meme)'으로 인간의 생애를 최소 단위로 하여, 세대를 이어 전달하는 소통의 형식이다. 쿨투레메(kultureme)가 소통의 내용에 관련한 것이라면, 코무니케메는 소통의 형식에 관련한 것이다. 소통 도구는 인간이 소통할 수 있도록 하는 매개체이다. 플루서는 인류의 소통 도구가 그림, 구두 언어, 문자, 기술적 형상 등으로 변화됐다고 하였다. 관계 맺는 자는 기술적 형상과 관계를 맺는 인간이다. 프로토콜은 콘텐츠를 코드화하는 과정, 산술적 도식과 구조이다. 메커니즘은 사건이 작동하는 원리이며, 알고리즘은 문제를 해결하기 위한 절차이다.

이 글에서는 기술적 형상의 본질적 특징을 그것이 작동하는 과정 안에서 추론할 수 있다고 보았으며, 기술적 형상이 만들어지는 과정은 인간이 기계에 명령을 내리면서부터 시작된다. 이때 명령어는 의미로 이루어진 문자가 아닌, 숫자와 알파벳, 기호로 이루어져 있다. 블랙박스는 숫자의 처리 과정 안에서, 0과 1 사이의 존재하는 다른 가능성에 대한 문제, 기술적 형상의 처리 과정에서 생기는 잡음들을 처리하는 곳이다.

소통은 인간의 의사 소통을 넘어 사이 안에서 움직이고 흐르는 것으로 보고자 한다11). 이기상은 콘텐츠를 인간이 자연과 사회 속에서 사람 및 사물과 교류하고, 소통하며 나누는 온갖 거리'12)로 보았다.

　기술적 형상이 산술적 상상력, 기술적 상상력을 통해 만들어지고 해독되는 소통 도구라면, 디지털 콘텐츠는 숫자의 연산과 프로그래밍 언어로 이루어진 소통 도구이다. 코무니콜로기의 기술적 형상은 디지털 콘텐츠로 볼 수 있으며, 이 글에서는 디지털 콘텐츠를 편의상 콘텐츠로 쓰고자 한다. 이 글은 디지털 코드에 대해 고찰하는 코무니콜로기에서 출발하여, 코무니콜로기가 제시하는 소통의 요인들을 해석하고, 재구성하여 얻어낸 근본 요인인 감각의 입·출력을 소통 도구에 적용하여 살펴보며, 통한 리터러시 방법을 드러내고자 한다.

---

11) 이기상은 소통에 대해 다음과 같이 서술한다. 넓은 의미에서 소통은 힘과 정보의 교류, 보존, 축적, 확산이다. 소통의 양식에 따라 소통의 주체는 분자(원자), 세포, 몸, 마음, 정신, 영혼으로 나타난다. 정보는 다양한 차원에서 전개되며, 그 교류 방식과 상대에 따라 물리정보, 유전정보, 감각정보, 언어정보, 직관정보로 분류할 수 있다. 좁은 의미의 소통인 인간의 소통은 물리정보와 유전정보에 기초하여 기호와 상징에 의해 이루어진다(이기상·박범준, 앞의 책, 2016, 116쪽).
12) 이기상·박범준, 앞의 책, 2016, 81쪽.

제2장
코무니콜로기의
콘텐츠 접근 가능성

1. 인류 코드사(史)의 메커니즘과 기술적 형상

플루서는 기술적 형상이 기술적 상상력, 산술적 상상력에 의해 만들어졌고, 해독된다고 보았다.13) 기술적 형상은 숫자의 연산과 프로그래밍 언어로 이루어진 콘텐츠이다. 기술적 형상 개념을 통해 콘텐츠를 접근하면, 인류 코드사의 메커니즘을 공유하면서 콘텐츠에 대한 이해가 깊어진다. 콘텐츠학에서 코무니콜로기를 적극적으로 연구할 필요가 있다.

이기상은 우리가 사는 세계와 현실은 매개된 것14)이며, 언어나 문자 역시 우리의 삶을 매개해 왔다는 관점에서 플루서의 '말하기와 알파벳을 통한 글쓰기를 그만두는 것이 가능한 상황'15)임을 공감했다. 이는 진리를 중계하던 언어와 문자의 지위로부터 자유로워지며,

---

13) 빌렘 플루서, 『코무니콜로기』, 김성재 역, 커뮤니케이션북스, 2001, 191쪽.
14) 이기상, 「현상과 미디어」, 『현대유럽철학연구』, 30, 2012, 6쪽.
15) Vilem Flusser, "Alphanumerische Gesellschaft. Die Zukunft des Buchstabenlebens", in: Die Revolution der Bilder. Der Flusser-Reader zur Kommunikation, Medienund Design, Mannheim: Bollmann, 1995, p.52.

도구로만 여기던 기술적 형상을 독립적으로 생각할 수 있게 해준다.

코무니콜로기는 인류 코드사(史)의 메커니즘을 설명하며, 기술적 형상이 인류의 소통 도구라는 것을 드러낸다. 인류 코드사(史)는 인류의 역사가 소통의 역사이며, 소통의 코드인 소통 도구는 소통을 일으키는 사유 방식과 관계를 맺고, 다음에 나타날 소통 도구에 영향을 미치는 메커니즘을 갖고 있다. 이를 더 자세히 서술하면 다음과 같다. 고대와 중세에 실체(본질)와 속성이라는 개념의 지위가 근대로 오면서 주체와 객체(대상)라는 개념으로 넘어왔고, 실체의 개념은 근대가 되면서 주체로 바뀐다.16)

고대와 중세에는 인간의 지각, 인식, 행위의 한계에서 실체(자연, 형상)에 대한 물음을 시작하였고, 이는 보이지 않는 실체(신)에 대한 지각을 가져왔다. 실체에 대한 지각은 상상을 통해 이루어졌고, 이러한 초월적 상상력은 중세 문화를 꽃피우는 원동력이 되었다. 초월적 상상력의 진화는 스스로의 패러다임을 전복시키는 존재론과 인식론으로 걸어 들어가는 과정이다. 신존재를 증명하고자 하는 논리는 로고스 자체에 대한 물음과 함께 사유에 깊이 빠져들었다. '생각하는 나란 누구인가'라는 명제를 통해 주체를 발견하고, 이때 신의 말씀을 자신들의 생활언어로 이해하고자 했던 노력이 구텐베르크 은하계의 씨앗이다. 주체의 발견은 이후 새로운 패러다임을 끌어냈다.

구텐베르크 은하계의 본격화는 체계적인 지식의 보편성을 토대로 과학과 기술의 발전을 일구었다. 현대 과학기술과 지식의 인플레이션은 근대의 공론장으로 기능하던 문자, 인쇄문화의 지위를 하락시

---

16) 이기상, 「영상문화시대와 통합(通合)적 상상력」, 『기호학 연구』, 27, 2010, 353~394쪽.

키고17), 기술적 매체에 의한 새로운 공론장의 탄생과 지평의 변화로 드러났다. 텔레비전, 라디오, 영화와 같은 매체가 과거 중세의 수도원과 같은 역할을 했다면, 인터넷의 발견은 수도승과 같은 엘리트층에게 국한된 소통의 매체가 구텐베르크의 인쇄술을 통해 대중화된 것과 같다. 양피지가 텔레비전이라면 종이는 인터넷으로 대입할 수 있다. 양피지와 텔레비전이 새로운 소통 도구의 발견과 그 작업이라면, 종이와 인터넷은 소통 도구의 폭발로 볼 수 있다.

인류사(史)에서 소통하기 위한 코드와 그것과 적합한 사유 방식이 따르는 코드화가 발생한다는 것이 드러낸다. 코드사(史)의 메커니즘은 다음과 같이 정리할 수 있다. 그림, 구두 언어, 문자, 기술적 형상이 대표적인 코드이며, 이 코드들이 코드화하면서 소통이 이루어진다. 코드마다 고유한 사유 방식이 성숙하면서 새로운 코드를 만들어내고, 이전 코드의 지위를 전복한다.

이는 기술적 형상에 대한 무비판적 접근이 아니라, 모든 소통 도구들을 가치중립적으로 바라보는 관점이다. 기술적 형상을 문자의 지위로부터 구애받지 않고 이해하려는 것은 기술적 형상으로 소통하는 미래를 인간이 투명하게 진단하고, 전망할 수 있게 함으로써 결과적으로 인간을 자유롭게 하는 것이다.

기술적 형상은 문자 이후에 등장하는 인류의 소통 도구로, 문자와 비교할 수 있다. 문자와 기술적 형상의 공통점은 인간이 그것을 통해 소통하며, 사유 방식이 작동한다는 것이다. 상징과 기호를 자유롭게 쓰기 위해서는 사용자 간에 기호와 의미 해석에 대한 합의 및 관습으

---

17) 플루서는 알파벳이 세계를 더 많이 설명할수록, 그 세계가 점점 더 상상할 수 없는 단계에 이르면, 우리는 커뮤니케이션 코드로서 알파벳은 붕괴하였다고 말할 수 있다고 하였다(플루서, 『코무니콜로기』, 109쪽).

로 정착할 시간이 필요하다. 차이점은 문자의 경우 자유로운 창조와 해독을 위해 읽기, 쓰기 등의 교육이 필요했다. 하지만 즉흥적으로 습득이 되는 기술적 형상, 콘텐츠의 경우 코드의 창조와 해독에 있어 인식을 무맥락화하므로, 구두언어나 문자에 비해 훈련이나 학습이 필요하지 않다. 콘텐츠가 인식을 무맥락화하는 가장 큰 이유는 빠르고 정확한 연산을 미덕으로 하는 숫자로 이루어져 있어, 인간의 인지 속도로 그것을 파악하는 것이 어렵기 때문이다. 이는 구조의 선험성이 주체를 지배하는 것이 아닌, 기술적 형상의 본질적 특징을 투명하게 파악하지 않으면 주체성을 위협받게 되는 것으로 보아야 한다.

숫자가 기본 단위가 되는 기술적 형상의 특성상 기술이 발달할 수록 시간을 접어버리는 특성은 더욱 강해진다. 이러한 새로운 소통 도구의 등장을 투명하고 분명하게 인식하지 않으면, 사회가 오류에 빠지기 쉽다. 기술적 형상·콘텐츠가 인간 소통의 대부분을 차지하는 순간 새로운 코드의 해독은 기존의 해독 기반을 해체하고 인간의 상황 인지력을 무력화시킨다는 것이 플루서가 지적한 우리의 위기이다.

플루서의 기술적 상상은 기술적 형상의 본질과 구조를 헤아리면서 소통 코드의 창조와 해독을 자유롭게 하는 것으로 볼 수 있다. 이는 기존의 콘텐츠 분석 및 기획, 미디어 리터러시 교육이 문자를 해독하듯이 내용 중심이었다는 점을 깨닫게 한다. 앞으로 콘텐츠·미디어 리터러시 교육은 의미와 내용을 대상으로 하는 것 뿐만 아니라, 기술적 형상의 본질적 특징인 자율적 전체주의를 환기하며 콘텐츠의 작동 과정을 대상으로 삼아야 한다. 이 글에서는 코무니콜로기가 주목한 '어떻게 작동하는가?'를 통해 콘텐츠 리터러시에 접근하고자 한다.

2. 리터러시 대상으로서
'어떻게 관계 맺는가?'

최근 알고리즘이 뉴스 전달에 중요한 역할을 한다는 기사는[18] 기술적 형상 시대의 문제의식이 표면화된 것으로 볼 수 있다. 플루서는 기술적 형상이 작동하는 과정을 고찰하면서 기술적 형상의 기만을 폭로할 수 있다고 하였다. 작동 과정 고찰은 기술적 형상의 구조와 형식에 관련한 것으로, 기술의 메커니즘, 알고리즘, 프로토콜을 살펴보는 것이다.

컴퓨터는 프로그램에 의한 정보 처리 장치이다.[19] 하드웨어를 사면 소프트웨어가 따라온다. '프로그램'은 사진을 찍는 동안의 사진사의 기술적인 결정을 지칭한다.[20] 프로그램은 넓게는 기술적 형상이 작동하는 지금의 탈산업사회 자체를 지칭하기도 한다.[21] 기술적 형상은 컴퓨터 프로그래밍 언어로 이루어져 있다. 계산 언어는 컴퓨터와 인간이 대화할 수 있는 언어이다. 프로그래밍은 기계장치에, 기계장치를 위해 글을 쓰는 것이다. 구조는 단순하고, 기능적으로

---

18) "뉴스배치 알고리즘 섣부른 규제는 역효과". <이데일리>, 2017. 11. 19. http://news.naver.com/main/read.nhn?mode=LSD&mid=shm&sid1=105&oid= 018&aid=0003973470, (접속일:2017.11.25.). 연구자는 보고서에서 인공지능 알고리즘 편향성 문제 중 미디어 프레이밍(구조화)의 문제점을 지적하고 세계적으로 논의되고 있는 관련 입법 방향에 대한 분석을 통해 알고리즘 중립성 보장을 위한 정책적 제안을 제시했다.
19) 빌렘 플루서, 『피상성 예찬』, 김성재 옮김, 2004, 커뮤니케이션북스, 273쪽.
20) 서어진, 『빌렘 플루서의 매체현상학』, 서울시립대학교, 석사학위논문, 2014.
21) 서어진, 앞의 글, 30쪽.

복잡하다. 자연을 계산하는 과정에서 발생한 계산의 문제는 컴퓨터의 발명으로 인해 복잡한 알고리즘이 아닌 이진법 체계의 숫자의 단순화를 통해 극복되었다.[22]

이동미[23]는 디지털 시대의 새로운 글쓰기를 프로그래밍으로 보았다. 이는 문자의 의미적 사고와 구별되는 숫자의 배열, 모듈성 등을 기술적 형상의 본질적 특성을 설명하는 근거이다. 프로그래밍 자체가 플랫폼을 만드는 과정으로서, 내용과 의미를 쓰던 과거의 글쓰기가 구성과 과정을 전달하는 개념으로 바뀌었다는 것을 보여준다.

이러한 문제의식은 기술적 형상에 있어서 코무니콜로기적 컴퓨터 프로그래밍 프로토콜에 대한 연구로 모아진다. 이 때문에 기술 이미지를 비평한다는 것은 이 공간에서 얽혀있는 요소들과 관계들을 풀어내는 것이 된다.[24] 디지털 코드로 이루어진 기술적 형상이 세계를 구성하면, 인간은 기술의 기만으로부터 자유로워지기 위해서 그것이 작동하는 과정을 의도적으로 환기해야 한다.

내용이 아닌 콘텐츠의 구성과 작동 과정을 고찰함으로써, 콘텐츠의 본질적 특성을 이해하고, 콘텐츠 기획에 접근하는 것이 플루서가 의도한 기술적 상상력이다. 이는 컴퓨터의 알고리즘과 프로토콜, 콘텐츠의 기획 과정 등을 코무니콜로기의 소통 요인들로 성찰할 수도 있으며, 코무니콜로기를 재해석한 요인들로 콘텐츠의 작동 과정을 살펴 볼 수도 있다. 기술적 형상을 분류하는 기준 역시 기술적 형상의 작동 과정을 고찰하는 것에서부터 시작할 수 있다.

---

22) 이동미, 앞의 글, 40쪽.
23) 이동미, 「디지털 시대의 글쓰기 : 빌렘 플루서의 『디지털 시대의 글쓰기』 를 중심으로」, 중앙대학교 대학원 석사학위논문, 2007.
24) 빌렘 플루서, 『코무니콜로기』, 김성재 역, 커뮤니케이션북스, 2001, 180쪽.

콘텐츠 리터러시

제3장
콘텐츠로
'관계 맺는 자'의
세 가지 관계

오늘날의 문화적 기록들과 과거의 기록들 사이의 가장 결정적인 차이는 디지털 형태의 빅데이터로 존재한다는 점이다.25) 콘텐츠는 프로그래밍 언어 중 코딩 정보를 수정하면 형상을 쉽게 바꿀 수 있다는 점에서 전통적인 소통도구들과 차별된다. 이것은 산술적 정보로 이루어진 매체의 특징이다.

관계 맺는 자인 대중과 엘리트는 기구를 다룬다는 점에서 같지만, 기구 자체를 제어할 수 있느냐, 일반적으로 사용하느냐의 문제로 나뉜다. 필자는 콘텐츠가 어떻게 작동하는지 성찰하기 위하여 '관계 맺는 자' 개념을 '관계 맺음'을 기준으로 재구성하였다. '관계 맺는 자'와 기구의 관계 맺음을 살피면서, 다른 한 차원을 찾아낼 수 있었는데, 관계 맺는 자끼리의 관계이다. 이는 플루서의 연구를 보완하면서, 현재의 콘텐츠 상황을 설명할 수 있는 구조라고 보인다.

관계 맺는 자인 인간은 세 가지 차원으로 분류할 수 있는데, 그것은 인간과 컴퓨터, 인간과 세계, 인간과 인간으로 볼 수 있다. 이때의 인간은 '관계 맺는 자'로서, 관계의 전제는 기술적 형상-콘텐츠이다.

---

25) 에레즈 에이든·장바디스트 미셸, 『빅데이터 인문학』, 김재중 역, 사계절, 2015, 21쪽.

기구는 컴퓨터 프로그래밍 언어로 이루어진 기술적 형상·콘텐츠로 볼 수 있다.

인간이 컴퓨터와 처음 관계를 맺는 것은 인간이 컴퓨터에 명령하는 것으로 볼 수 있으며, 이를 토대로 만들어진 콘텐츠를 통해 인간은 세계와 관계를 맺고, 관계 맺는 자끼리의 관계 맺는 차원으로 확장된다. 첫 번째 차원이 컴퓨터 프로그래밍 언어를 만들고, 제어하는 차원이라면, 두 번째 차원은 만들어진 콘텐츠를 통해 세계와 관계를 맺는 차원으로, 콘텐츠를 기획하고 제작 생산하는 차원으로 볼 수 있다. 세 번째 차원은 콘텐츠를 통해 관계 맺는 자인 인간과 관계 맺는 자인 인간이 관계를 맺는 차원이다. 이는 블로거, 게이머, 매체에 접속하여 영향을 줄 수 있는 모든 인간들끼리의 관계이다.

플루서의 '관계 맺는 자'인 엘리트와 대중이 일상의 영역에서 구분이 불가했던 것처럼 이 세 차원 역시 일상의 영역에서 구별은 무의미하다. 하지만 이를 통해 콘텐츠가 어떻게 작동하는지를 체계화하여 성찰할 수 있으며, 플루서가 연구하지 못한 지점들을 플루서의 논지대로 구성해 볼 수 있었다.

이를 통해 콘텐츠의 근본적 특성인 프로토콜의 한계와 그 한계들을 극복하고자 하는 콘텐츠의 분석 및 기획, 미디어 리터러시 분야의 새로운 과제가 주목된다. '기획'은 '관계 맺는 자'의 세 가지 차원에 모두 적용할 수 있으며, 소통 구조와 형식의 전환과 재구성을 통해 나타난다. 첫 번째 차원의 기획은 명령법과 직설법 대신 '원망법'의 적용으로, 두 번째와 세 번째 차원의 기획은 모든 소통 구조의 해체와 재구성으로 볼 수 있다.

1. 콘텐츠로 '관계 맺는 자' 와
컴퓨터의 관계

관계 맺는 자와 컴퓨터의 관계는 컴퓨터에 실행을 명령하는 컴퓨터 프로그래밍 언어를 개발하고, 프로토콜을 제어하는 전문적인 영역으로 이해할 수 있다. 예를 들어, 기초 수학과 과학의 연구자들, 전산 전문가들이다. 이는 프로그래밍을 전제하는 프로토콜과 컴퓨터와 소통을 하는 언어를 만드는 기초 작업 등을 대상으로 한다. 기계가 알아들을 수 있는 명령어는 프로그래밍을 통해 계층을 만들고, 코딩 언어 개발자 그리고 코드를 통해 위계 구조가 드러난다.

인간과 기계의 관계는 최초에 연산과 명령의 반복을 통해 드러났으나, 전산학에서는 인간과 컴퓨터의 인터페이스를 하나의 분과학문으로 연구하기도 한다. 이 글에서 보는 인간과 기계의 관계는 컴퓨터 프로그래밍의 응축된 구조들의 본질적 특성을 추리하기 위해 모든 프로그래밍에 공통된 특징인 인간이 처음에 기계에 정보를 전달한 방식과 현재 인간이 헤아릴 수 있는 기계에 가장 가까운 언어가 어떤 구조로 이루어져 있는지를 대상으로 한다.

기술 과학의 차원에서 일어나는 소통 방식은 고도의 직설법과 노골적인 명령법으로 이루어진다. 어린이가 언어를 습득하는 과정에서도 명령법이 나타나지만, 언어 정보는 그것을 습득하는 시간과 과정 안에서 명령법을 파악할 수 있다. 하지만 기술적 형상은 직관적으로 사용하기 때문에 명령법을 파악하기 힘들다. 왜냐하면, 문자가 의미를 나타내는 언어와 관련이 있다면, 기술적 형상은 숫자와 관련이 있기 때문이다. 숫자는 연산의 반복을 통해 선을 접어 하나의 점으로 나타낸다. 이러한 점들 때문에 기술적 형상이 어떻게 작동하는지를 파악하는 것은 의도적인 작업 없이 불가능하다. 이러한 특징 때문에 플루서는 기술적 형상이 작동하는 산술적 상상력을 의도적으로 살펴야 한다.26)

인간과 컴퓨터 사이의 관계를 맺는 차원은 콘텐츠의 본질적 특성을 결정짓는다. 연산과 산술적 프로그래밍 정보가 만들어지는 방식 등은 과학기술과 정보 통신들이 체계화에 공통적으로 적용된다. 프로그래밍 언어가 만들어지는 방식, 컴퓨터가 만들어지는 방식은 숫자의 연산으로부터 시작했으며, 같은 역사를 공유하고 있다. 이는 아직까지 인간이 컴퓨터에게 연산을 명령하고, 그 결과는 다시 종합해서 명령으로 이어지는 구조인 프로토콜이 바뀌지 않았음을 의미한다.

안경이 인간 눈의 기능을 확장한 기계이듯이, 컴퓨터는 인간의 뇌를 확장한 기계이다. 인간의 뇌가 가지는 기능들을 수행하는 컴퓨터는 언어가 필요하다. 이때 프로그래밍 언어는 컴퓨터가 일을 수행할 수 있는 작업-프로그램을 작성할 수 있도록 하는 기호체계이다. 인간의 언어가 인간끼리의 소통을 위해 만들어진 기호체계라면, 프로그래밍 언어는 인간이 기계에게 명령을 내리기 위해 만들어진 언어이다. 숫자는 프로그래밍 언어를 구성하는 기초 도구로 볼 수 있다.

---

26) 빌렘 플루서, 『코무니콜로기』, 김성재 역, 커뮤니케이션북스, 2001, 180쪽.

1. 관계 맺음의 도구

(1) 숫자

문자와 숫자는 기호와 상징이라는 측면에서 공통점이 있지만, 문자는 물리적 공간의 한계에 따라 기의와 기표가 달라진다. 경주에 사는 사람이 산을 넘어 목포에 도착하면 그 지역 사람들의 말투나 억양이 경주와 다름을 알 수 있다. 한국에 사는 사람이 바다를 건너 다른 국가에 가면 언어는 소통에 도움이 되지 않는다.

언어를 기록하는 문자는 공간의 한계를 벗어나지 못하지만, 숫자는 이와 다르다. 의미를 다루는 문자가 의미를 공유할 수 있는 지역·문화권의 사람들에 의해서 발전되어 온다면, 숫자로 이루어진 과제는 지역이나 문화를 초월한 세계인들의 공통된 교육을 통해서 접근할 수 있다. 이는 문자로 된 문제와 숫자로 된 문제의 해결 속도를 비교했을 때, 숫자로 된 문제가 비교할 수 없을 정도로 빨리 처리된다는 것을 의미한다. 더불어 숫자의 미덕이 처리 속도와 정확성이라고 할 때, 문자를 통해 의미를 전달하던 시대의 발전과 숫자를 통해 문제를 해결하는 시대의 발전에는 속도의 차이가 생길 수밖에 없다. 비릴리오[27]는 모든 기술이 적용된 도구들은 기술의 매체성인 속도를 높이기 위한 내용이 내재되어 있어 인간에 영향을 미친다고 보았다.

컴퓨터의 개발은 수학의 한 분야에서 출발했다고 볼 수 있다.[28] 인간이 컴퓨터에게 명령을 할 수 있는 조건은 문자가 아닌 0과 1의 전기적 신호이다. 숫자는 「손발 하나 하나의 가락」 이라는 의미로

---

27) 이안 제임스, 『속도의 사상가 폴 비릴리오』 , 앨피, 2013.
28) 노병희·예홍진·강경란, 『MT컴퓨터 공학』 , 장서가, 2008, 50쪽.

부터 파생된 단어로 한 자리의 정수를 표시하는 도형 문자이다.[29] 디지털은 0과 1로 이루어지는 이진법 논리를 사용해서 0과 1의 각종 조합을 만든 후 그것의 조작과 처리를 통해 여러 가지 정보를 생산·유통·전달할 수 있도록 만든다. 아날로그 세상은 디지털의 모태이다. 컴퓨터는 아날로그 세계를 구성하는 모든 것을 디지털로 전환할 수 있다. 이는 아톰(atoms)에서 비트(bits)로 이동하는 변화다.

숫자, 0과 1의 조합으로 컴퓨터에서 전달하는 언어인 디짓(digit)은[30] 기술적 형상의 소통 도구이다. 비트는 0과 1로 이루어진 데이터[31]의 최소단위이며, 컴퓨터를 움직이는 정보를 구성하는 기본 단위이다. 물질이 아니지만, 영상과 소리를 만드는 기초 재료이다. 컴퓨터가 처리하는 모든 정보는 비트로 이루어진다. 컴퓨터는 비트로 비트를 처리하고 비트로 비트를 만든다.

(2) 프로그래밍 언어

컴퓨터의 초기에는 소프트웨어와 하드웨어가 하나의 개념으로 발전하여 왔고, 1960년대 이르러 하드웨어와 소프트웨어가 분리되었다. 지금에 와서 하드웨어를 고려하지 않는 프로그래밍이 일반화되었다.[32] 프로그래밍은 컴퓨터를 사용하여 내가 원하는 기능을

---

29) 전산용어사전편찬위원회, 『컴퓨터인터넷IT용어대사전』, 일진사, 2005, 13쪽.
30) 0,1,2,3, …과 같은 수를 나타내는 자리를 말한다. 출처 : 월간전자기술 편집위원회, 『전자용어사전』, 성안당, 1995.
　　http://terms.naver.com/entry.nhn?docId=750705&cid=50324&categoryId=50324, (접속일 : 2017.11.15.).
31) 백욱인, 『디지털 데이터, 정보, 지식』, 커뮤니케이션북스, 2013, 아날로그와 디지털 http://terms.naver.com/entry.nhn?docId=1526266&cid=42171&categoryId=42176, (접속일 : 2017.11.15.).

수행하도록 만들기 위한 수단을 제공한다.33)

　기초 단위가 숫자, 디짓(digit), 기호로 이루어진 프로그래밍 언어는 체계를 가진다. 컴퓨터 프로그래밍 언어는 UNIX에서 엔트리까지 시대에 맞추어 변화되어 왔으며, 프로그래밍 언어를 만드는 프로그램에 접근하기 위해서는 응축된 직설법에 대한 전문적인 교육을 거쳐야 한다. 이는 수학의 훈련을 전제로 한다.

　프로그래밍 언어는 지금까지는 사람이 컴퓨터에게 지시할 명령어를 기술하는 언어로 볼 수 있다. 이는 관계 맺는 자인 인간이 컴퓨터와 관계를 맺는 것으로 볼 수 있다. 인간이 컴퓨터에 명령을 내리는 가장 근접한 단계를 살펴보고자 했으나, 컴퓨터안의 전자적 신호를 서술할 수는 없었다. 컴퓨터는 인간의 명령을 컴퓨터에 프로그래밍된 것을 통해 받아들이고 있으며, 기계어는 사람이 알아보기 어렵다. 어셈블리어는 인간이 이해하기 쉽도록 기호로 대응되어 표현되고 있으며, 기계어에 가장 근접한 것으로 볼 수 있다. 따라서 이 글에서는 프로그래밍과 어셈블리어를 통해 프로토콜이 이루어지는 코무니케메와 구조를 살펴보고자 한다.

인간이 컴퓨터와 소통하기 위해서는 그 일의 순서를 빠짐없이 컴퓨터에

---

32) 아주대학교 노병희·예홍진·강경란, 『MT컴퓨터 공학』, 장서가, 2008, 66쪽.
33) 앞의 책, 100쪽.

2. 관계 맺음 : 프로그래밍

알려주어야 한다. 컴퓨터가 이해할 수 있는 언어로 그 순서를 기술한 것이 프로그램이다. 컴퓨터는 프로그램에 기술된 명령대로 일하므로 명령문인 프로그램은 모든 경우를 고려해야 한다.[34]

컴퓨터가 바로 이해할 수 있는 언어는 기계어인데, 기계어는 컴퓨터 하드웨어에서 자료 표현의 기본 단위인 비트의 값 0과 1을 그대로 표기하는 언어이다. 그대로 사용하는 것이 불편하므로 기계어와 인간이 사용하는 언어의 중간적 위치에서 프로그램 작성을 쉽게 할 수 있는 인공언어로 프로그래밍 언어가 등장하였다.[35]

프로그래밍 언어를 기술하는 표기법은 일정한 생성 규칙들의 집합으로 구성되어 있다. 규칙은 직설법 코무니케메이다. 대부분 프로그래밍 언어는 선언문을 통해 변수를 사용한다. 이때 선언문은 코무니케메 명령법으로 볼 수 있다. 한 방향이며, 태도와 관련된 것이다. 프로그래밍의 문법에서 조건문 역시 인식-태도로 볼 수 있다. 프로그램의 모든 자료에는 형(type)이 있는데, 자료형이란 저장할 수 있는 값의 집합뿐만 아니라 수행할 수 있는 연산의 집합까지 포함한다. 이때 자료형은 프로그래밍 언어가 축적될 수 있는 개념을 의미하고, 연산의 집합은 다시 명령으로 종합된다.

프로그램은 위에서부터 아래로 한 문장씩 차례대로 실행된다. 조건문이나 반복문을 이용하면 프로그램 실행 순서에 변화를 가져올

---

34) 「컴퓨터프로그램」, 『두산백과』, 네이버지식백과,
   http://terms.naver.com/entry.nhn?docId=1159443&cid=40942&categoryId
   =32381,(접속일 : 2017.10.25.).
35) 최윤철 · 한탁돈 ·임순범 공저, 『컴퓨터와 IT기술의 이해』, 생능출판사, 2009, 93쪽.

수 있다. 조건문은 조건에 따라 둘 또는 그 이상의 실행 경로 중에서 하나를 선택할 수 있는 수단을 제공하는데, 조건이 참이냐 거짓이냐에 따라 선택하는 양자택일문과 여러 경로 중 하나를 선택하는 다자택일문으로 구분할 수 있다. 이때 조건문을 소통에 있어 쌍방향으로 볼 수도 있으나, 조건문을 만드는 프로토콜 역시 직설법, 명령법이라 할 수 있다. 반복문은 여러 번 같은 기능이 실행되는 경우에 이 기능을 하나의 단위로 만들고 명령을 내리면 프로그램이 더 간결해지고 이해하기도 쉬워지는 것으로 보았다. 반복문은 코무니케메 명령법으로 볼 수 있으며, 시간을 접어 명령법인 태도는 더 깊어진다.

프로그래밍 언어들은 층위들을 가지고 있으며, 프로그래밍 언어의 문법 안에서는 나무형 담론으로 볼 수 있다. 프로그래밍은 직설법과 명령법의 조합과 축적으로 볼 수 있다. 문자 언어가 만들어지는 과정도 직설법과 명령법이지만, 기술적 형상과 크게 차별되는 점은 '블랙박스'이다. 숫자의 경우 문자가 하는 일차적 인식이 연산을 통해 블랙박스로 처리되고, 이 과정들이 반복된 위계와 응축으로 마법처럼 인간이 인지할 시간을 접어 버리는 것이다.

프로그래밍 언어 개발자의 영역은 기초 물리학과 수학까지 소급할 수 있다. 2017년 2월 포항공대 기초과학연구원에서 발표한 4진법 소자의 발견[36]도 같은 맥락이다. 전자의 소통에서 방향을 바꾸어 주면, 4진법이 가능해진다는 것은 '방향'에 대한 코무니콜로기적 해석을 가능하게 한다. 기초수학이나 기초과학에서 직설법이 아닌 원망법의 코무니케메를 적용하는 것을 기대해 볼 수 있다.

---

36) 인공지능 시대 위한 4진법 연산소자 발견 , 세계일보, 2017년 2월 8일 기사. http://m.news.naver.com/read.nhn?mode=LSD&mid=sec&sid1=101&oid=022 &aid=0003143601, (접속일 : 2017.11.15.).

하드웨어는 컴퓨터를 구성하는 물리적인 장치이고, 소프트웨어는 컴퓨터가 수행할 작업을 지시하는 명령들의 집합이다. 소프트웨어에는 운영 체제와 컴파일러로 된 시스템 소프트웨어와 워드프로세서, 게임으로 된 응용 소프트웨어가 있다. 컴퓨터가 취급하는 작업의 종류가 다양화됨에 따라서 컴퓨터의 운전을 관리하는 관리 프로그램도 복잡해졌다. 관리 프로그램 자체에서 제어 언어를 갖고 있다. 특정 프로그래밍 언어로 쓰인 프로그램은 기계어로 번역되어 컴퓨터에 의해 실행되며, 어떤 프로그래밍 언어도 기계어로 번역할 수 있다.

프로그래머가 기계 부호로 직접 작성하는 것도 가능하지만, 컴퓨터 제어가 필요한 경우 프로그래머들은 기계어 명령어에 대한 일대일 연상 기호 대응인 어셈블리어를 사용한다. 어셈블러 언어를 기계어로 번역하는 프로그램을 어셈블러, 번역하는 것을 어셈블이라고 한다.37) 서로 다른 프로그래밍 언어는 다른 프로그래밍 유형을 지원하기 때문에 분야에 따라 적합한 언어가 존재한다. 이 수준의 언어는 특정한 컴퓨터와 밀접하게 결부되어 있다.

어셈블리어 뿐만 아니라, 인간이 컴퓨터에게 소통하는 언어 대부분의 코무니케메가 명령법이다. 연산과 명령이 다시 명령으로 종합되는 과정이 그러하다. 컴퓨터와 관계를 맺을 때 계산언어의 확장은 연산이 연산으로 확장되고, 이는 명령으로 종합된다. 이때 연산은 직설법으로, 연산과 명령이 다시 명령으로 종합되는 과정은 명령법으로 볼 수 있다.

진중권은 인간과 세계를 이미지가 어떻게 매개하는가에 대해 플루서의

---

37) 전산용어사전편찬위원회, 『컴퓨터 인터넷 IT용어 대사전』, 일진사, 2005, 25쪽.

3. 첫 번째 차원의 미덕과 한계

논지를 토대로 답변을 재구성해볼 수 있다고 하였다.38) 진중권의 '이미지'를 '콘텐츠'로 치환할 수 있다. 기술적 이미지와 콘텐츠는 프로그래밍과 모듈성, 픽셀, 점으로 이루어져있다는 공통점을 가지고 있다.

이러한 콘텐츠의 특성을 마노비치 역시 모듈성으로 보았다. 콘텐츠는 기본적으로 균일한 단위들의 양적인 조합이라는 것이다.39) 복잡한 작업도 모듈의 계산을 통해 합성된다. 또한 사용자가 직접 하는 것이 아닌 컴퓨터에 의해 수행된다. 튜링 머신(Turing machine)40)의 원리는 비트나 모듈이라는 개념을 통해 단순한 기계적 작용이 무한 반복적으로 수행하면 세계가 구성될 수 있음을 보여주었다. 인간이 사실상 창조주가 된다. 모듈성과 픽셀 등은 사물을 분석할 뿐 아니라 합성하고, 가상은 새로운 현실이 된다. 유발 하라리의 '호모 데우스'41)도 같은 문제의식을 보여준다.

인간과 컴퓨터의 소통은 마법처럼 여겨졌던 것들을 현실화하고 있다. 이 가능성의 구체적 시작은 숫자의 계산과 프로그래밍의 전자화이다. 인간과 컴퓨터의 소통은 정확하고 빠른 처리 속도와 인간의 삶을 편리하게 하겠다는 인간-주체중심주의에 있다. 하지만, 이 한계는 인간과 기계의 관계로부터 출발한다.

컴퓨터는 전자적으로 계산을 수행하는 장치로 인간의 뇌를 대신한다. 컴퓨터 공학적 문제해결력은 정보를 처리하는 과정과 방식을

---

38) 진중권, 『이미지인문학1』, 천년의 상상, 2014, 53쪽.
39) 김무규, 「디지털 영상의 기술적 원리와 구성주의적 특성 : 빌렘 플루서의 기술적 형상 개념을 중심으로」, 『한국방송학보』, Vol.29(5), 2014.
40) 김종훈 · 김종진, 『컴퓨터개론』, 한빛아카데미, 2013, 98쪽.
41) 유발 하라리, 『호모 데우스』, 김영사, 2017.

이해하고, 컴퓨터에게 프로그래밍 언어로 명령하는 것이다. 컴퓨터는 인간의 명령을 인식하고, 조건문 혹은 프로그래밍 언어도 인식으로 작동 받기 때문에 인간과 기계가 소통하는 형식은 직설법의 코무니케메이다. 문자가 만들어지는 방법도 같은 형식이다. 대부분의 소통 도구들과 소통 능력 간의 관계는 코무니케메적으로 명령법과 직설법으로 이루어져 있으나, 컴퓨터 언어는 직설법인 연산이 명령으로 종합되고, 다시 연산과 명령이 전자화되고 있어, 문자나 다른 상징과 달리 인간의 인식 처리 속도로 그것의 작동 과정을 헤아릴 수 없다.

인간과 컴퓨터의 관계는 알고리즘의 설계로 볼 수 있다. 모든 기술적 형상의 구현은 알고리즘의 설계에 종속된다. 컴퓨터 프로그래밍 언어는 인간이 기계에 내리는 명령으로 시작되었고, 한 방향의 코무니케메인 직설법과 반드시 실행하라는 태도로 이루어져 있다. 이를 응축해서 만들어 낸 기술적 형상의 알고리즘 안에 일상의 인간이 접촉하는 순간, 인간은 아날로그의 자유를 디지털화해 놓은 자율적 전체주의와 마주하게 된다.

2. 콘텐츠로 '관계 맺는 자'와 세계의 관계

1. 대상으로서 | 관계 맺는 자의 두 번째 차원은 관계 맺는
　　　세계 | 자가 기술적 형상-콘텐츠를 통해 세계와
　　　　　　 | 관계를 맺는 차원이다. 이때 세계는 코무
니콜로기적 논지에 따라 소통의 구조로
대상화하고 유형화해볼 수 있다. 두 개의 대화 구조와 네 개의 담론
구조들은 매체의 특징을 드러내는 것이기도 하다.

　플루서가 관계 맺는 자 중 엘리트를 프로그래밍을 제어할 수 있는
사람으로 본 것이라면, 대중은 엘리트의 영역을 수용한 채, 기구를
다루는 사람이다. 필자는 기구를 다루는 것이 기구를 통해 세계와
관계 맺는 것이라 해석하였다. 예를 들어, 카메라의 대상은 렌즈에
보이는 모든 것이다. 인물, 사건, 자연 모두 해당한다. 사진작가가
렌즈와 셔터를 통해 사진을 찍는 것은 관계 맺는 자가 콘텐츠를 통해
세계와 관계를 맺는 것과 같다. 플루서가 사진사의 한계는 셔터를
누르는 것 외에 사진기의 기능들을 제어할 수 없다고 보았듯이, 콘텐
츠를 다루는 사람들의 한계는 그것이 만들어진 언어를 제어할 수
없다.

　렌즈는 인간 눈의 확장이고, 셔터는 기술을 세계에 드러내는 결정
적인 행위이다. 렌즈를 통해 셔터를 누르는 것은 현대인의 세계관을
보여준다. 일방적이고, 순간적이다. 아름다운 장면과 순간을 기억하
고 싶다고 하면서, 오랜 시간이 걸려 그 순간을 기록하거나, 그려내

는 것이 아닌 카메라나 사진 어플을 통해 순간적으로 저장한다. 이것이 인간이 콘텐츠를 통해 세계와 관계 맺는 현실이며, 인간은 세계를 일방적인 구조로 대상화하고 있다고 볼 수 있다.

플루서는 미디어를 물질적·기술적 특성과 상관없이 코드가 작동하게 하는 구조라고 정의한다.[42] 코드가 기능할 수 있는 것은 모두 미디어이다. 인간이 만들어낸 소통 양식뿐만 아니라 연결되고 통할 수 있는 것들을 포괄한다. 매체는 코드가 기능할 수 있는 것으로 볼 수 있으며, 기존의 영화, 텔레비전, 사진, 홈페이지 등이다. [그림 1]은 기술적 형상의 변화를 표현한 것이다. 기술적 형상은 먼저 나온 기술을 포괄한다.

[그림 1] 기술적 형상의 변화

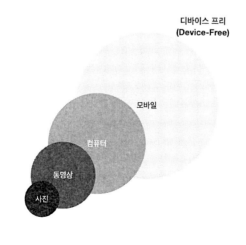

---

42) 김성재, 같은 책, 48쪽.

세계는 소통 구조에 따라 유형화 해볼 수 있으며, 구조들은 매체의 특징을 설명해 줄 수 있는 근거가 된다. 인간 감각의 입·출력을 통해서도 기술적 형상과 매체를 유형화할 수 있다.

2. 콘텐츠와 기획

관계 맺는 자의 두 번째 차원은 콘텐츠 기획으로 볼 수 있다. 관계 맺는 자가 세계와 관계를 맺는 것은 소통의 매개체와 소통의 내용, 매개체 내의 구조 변환 등을 통해서 드러나는 기획과 생산이다. 콘텐츠 기획은 세계를 어떻게 보느냐와 어떻게 관계 맺느냐를 통해 분류할 수 있으며, 두 번째 차원의 관계 맺는 자 분류 역시 같은 맥락에서 이루어진다. 사진작가, 방송 PD, 어플리케이션 제작 그룹 등이 그러하다. 기술적 형상 자체는 즉응적으로 이루어지는 특징을 가지고 있어, 기술에 대한 본질적 특징과 한계를 헤아리지 못하고 순간적으로 제작되는 경우가 많다. 콘텐츠 기획은 콘텐츠의 본질적 성격을 환기하면서, 인문학적 상상력이 드러날 수 있어야 한다. 이러한 방법이 세계와 순간적으로 일방적인 관계를 맺는 기술적 형상의 본질적 오류를 방어해 줄 수 있기 때문이다.

관계 맺는 자가 기술적 형상을 통해 일방향적으로 세계와 관계를 맺고 있다면, 콘텐츠 기획자는 어떻게 관계를 맺을지에 대한 준비를 할 수 있다. 이때 콘텐츠 기획의 미덕이 드러난다. 관계 맺는 자와 세계의 관계는 콘텐츠 기획·생산 분야로 볼 수 있으며, 이를 현상과 연결하면, 매스미디어·텔레비전 프로그램, 소프트웨어·어플리케이션 등 콘텐츠 기획·제작에 해당한다.

인문학의 필요성은 콘텐츠 기획 단계에서 요구된다. 기술적 형상의 순간적 처리에 대한 인문학적 고찰과 상상력이 충분히 반영된 콘텐츠 기획은 인간의 콘텐츠 소통을 풍요롭고, 오류가 없도록 하는데 도움을 줄 수 있다. 콘텐츠 기획자는 코무니콜로기에서 강조한 기술적 상상력을 자유롭게 쓸 수 있는 커뮤니케이션 전문가이다. 관계 맺는 자와 세계와 관계를 맺는 것은 사진작가가 카메라로 사진을 찍는 것과 같다.

3. 두 번째 차원의 다양성과 가능성

세계의 범주는 유형화가 필요하다. 소통의 구조와 형식을 재구성하고 전환함으로써 기획이 가능하며, 그 가능성은 소통 구조와 방식의 다양성으로 볼 수 있다. 소통의 생산과 저장으로 분류한 대화와 담론의 구조는 다시 소통이 이루어지는 작동방식에 따라 분류된다. 세계는 소통이 이루어지는 구조들의 조합과 구성으로 볼 수 있다. 매체와 장르 대화 구조는 인터넷의 상호 연결성으로 볼 수 있다. 담론 구조 가운데, 피라미드형 담론은 신문과 출판물로, 나무형 담론은 논문으로, 원형극장형 담론은 축제로, 극장형 담론은 텔레비전으로 볼 수 있다. 이때 망형 대화와 원형극장형 담론의 조합은 인터넷 홈페이지로 볼 수 있는 등 관계 맺는 자가 세계와 관계 맺는 매체를 이해할 수 있다. 소통의 구조에 따른 조합과 구성은 각각의 매체들에 접목해서 설명할 수 있으며, 구성의 다양한 조합은 매체의 다양성으로 드러난다. 또한 아직 드러나지 않은 구조들의 조합을 통해 기술적 형상이 만들어질 다양한 가능성을 가늠할 수 있다.

실제 콘텐츠 기획은 관계 맺는 자가 콘텐츠를 통해 세계와 관계 맺는 것으로 볼 수 있다. 이는 콘텐츠 기획이 소통 구조의 다양성과 가능성을 토대로 그 기준을 구성하고 조합하는 것으로도 가능해진다는 것을 알 수 있다. 예를 들어, 동영상 콘텐츠의 경우, 구성과 편집을 기존의 구조와 다르게 시도하는 것이 콘텐츠의 또 다른 기획 방법이 될 수 있다. 소통 구조, 카메라의 구조, 편집의 구성 방식 등을 도식화하여 재구성할 수 있다.

3. 콘텐츠로 '관계 맺는 자' 와 '관계 맺는 자'의 관계

과거의 매체 소비자는 정보통신과 테크놀로지의 발전에 의해 생산(producer)과 소비(consumer)가 구별이 되지 않는 프로슈머(prosumer)가 되었다. 프로그래밍이 직관적이고 간편해지며, 코딩 교육이 공교육으로 확대되는 모습은 프로슈머의 지평이 대중화될 것임을 전망하게 한다.

현재 일반적 프로슈머로 확인할 수 있는 사례는 온라인 게이머, 블로거, SNS 사용자, BJ 등 온라인 플랫폼에서 활동하는 사용자들이다. 관계 맺는 자와 관계 맺는 자의 관계는 대상에 따라 1:1, 1:n, n:n의 관계로 분류할 수 있다. 관계 맺는 자끼리의 관계 맺음은 매체에 방향을 작동할 수 있는 것을 전제로 한다. 디지털 정보로 이루어진 관계이므로, 기록·디지털 아카이브로 존재한다. 이는 대화이자 담론의 구조가 융합된 형태로 볼 수 있다. 접속된 상태의 1:1은 1:n, n:n을 전제하며, 관계 맺는 자의 설정에 따라 달라질 수 있다. 관계 맺는 자 1의 접속된 상태에서 활성화는 로그인을 전제로 한다. 로그인은 사용자가 컴퓨터 시스템을 사용하기 위해 자신을 알리고 등록하는 작업이다.

1. 1:1의 관계 | 관계 맺는 자와 관계 맺는 자의 1:1 관계는 1990년대 무선호출기를 통한 소통하는 방식으로 볼 수 있다. 이 구조는 관계 맺는 자의 설정에 따라 스마트폰 시대에도 유효하다. 대표적으로 메신저 이용자, 1:1 설정으로 된 게이머 등으로 볼 수 있다. 메신저는 관계 맺는 자끼리 관계를 맺는 대표적인 사례이다. 콘텐츠의 1:1 설정은 매체의 특징과 관계없이, 가상현실 게임처럼 모든 플랫폼과 콘텐츠에서 나타날 수 있다.

2. 1:n의 관계 | 관계 맺는 자의 1:n 관계는 대표적인 SNS 구조, 1:n 설정으로 된 게이머 등으로 볼 수 있다. 1:n 구조의 특징은 쌍방향의 대화 구조가 원형극장형 담론 구조 안에 드러나는 것이다. 관계 맺는 자의 선택에 따라 대상인 n을 설정할 수 있다. n은 통신에 접속가능한 모든 사람을 대상으로 하기 때문에, 무한대이며, 확장 가능성은 프로그래밍의 응축 위계와 같이 개인의 관계 맺는 자가 헤아리기 어렵다.

3. n:n의 관계 | 관계 맺는 자의 n:n 관계는 계정이 있고 접속이 가능한 관계 맺는 자들의 광장으로 볼 수 있다. 대표적으로, 위키피디아 · 포털 사이트의 댓글 · 소셜커머스 · n:n으로 설정된 게이머 등으로 볼 수 있다. 망형 대화 구조가 원형극장형 담론

구조 안에 들어와 있는 형태이며, 이 원형 극장형 담론 구조가 망형 대화구조로 확장되어 있다.

4. 세 번째 차원의 함의

관계 맺는 자끼리의 관계는 디지털 코드를 전제하고 있다. 하지만 통신을 통해 대화 구조를 풍부하게 드러내고 있다. 특히 정보통신의 망 구조는 망형 대화 구조를 가능하게 한다. 이 때문에 통신에 접속하여 계정을 표시하는 관계 맺는 자의 경우, 기록이 남는 담론이자 대화의 소통을 하게 된다. 또한, 통신의 접속을 통해 관계 맺는 자가 1이 아닌 n으로 확장되는 것은 정보가 연산의 확산처럼 감각으로 인식할 수 없는 공간을 이동하는 확장을 한다. 관계 맺는 자끼리의 소통에서는 과거 무선호출기, PC통신, 인터넷 메신저, 싸이월드와 이메일, 스마트폰과 SNS 등의 사회적 현상과 문화적 활동 등을 설명할 수 있다. 1:n, n:n의 소통 구조는 디지털 미디어가 민주주의의 내용을 바꾸는 광장으로 대변할 수 있는 형식을 담보하고, 배달의 민족, 온라인 쇼핑몰과 택배 산업 등 O2O, O4O 서비스를 하나의 기준으로 설명할 수 있다.

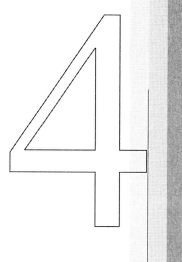

제4장
콘텐츠 리터러시

1. 콘텐츠 리터러시의 대상 : 소통 과정

플루서는 인간인 관계 맺는 자는 엘리트와 대중으로 나눌 수 있다고 하였는데, 그것은 기술적 형상을 만들어 내는 기구—작동자와 그 기술적 형상을 통해 일상을 사는 대중으로 본 것이다.

[그림 2] 플루서의 가구-작동자의 2가지 차원

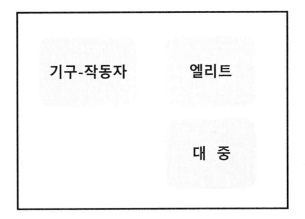

이 글에서는 관계 맺는 자를 세 가지 차원으로 분류하였다. 프로그래밍 언어를 개발하는 차원의 관계 맺는 자와 그 프로그램을 통해 기술적 형상을 텔레비전 프로그램이나 어플리케이션으로 기획·제작하는 차원의 관계 맺는 자, 어플리케이션 혹은 인터넷 사이트 등을 이용해 기획하는 차원의 관계 맺는 자를 분류하였다.

[그림 3] 가구-작동자의 3가지 차원

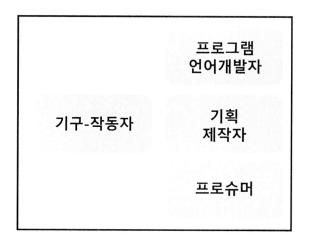

관계 맺는 자인 인간이 기술적 형상으로 소통하기 위해 어떠한 차원이 있는가를 보는 것은 인간이 무엇과 어떻게 관계를 맺고 있는가를 떠오르게 해준다. 기술적 형상이 작동하기 위해서는 인간과 컴퓨터, 인간과 세계, 인간과 인간의 크게 세 차원이 있다.

이 글에서는 문자 다음에 등장한 인간의 소통 도구인 기술적 형상을 연구할 때, '그것이 어떻게 작동되고 있는가'에 주목한 플루서의 논의를 빌어 콘텐츠의 내용이 아닌 '형식'을 분석의 대상으로 삼고자 하였다. 이 글에서의 콘텐츠는 기술적 형상이 작동되는 것을 전제로 하였으며, 기술적 형상이 작동되는 3가지 차원은 인간이 컴퓨터와 소통하는 차원(인간이 기술적 형상을 만들이 위해 컴퓨터에게 명령[43])을 내리는 것으로 이해할 수 있다), 기술적 형상을 통해 인간이 세계와 소통하는 차원(인간이 세계를 대상화하는 차원), 기술적 형상을 통해 인간과 인간이 소통하는 차원으로 볼 수 있다. 다음은 이 글에서 기술적 형상으로 소통되는 과정을 정리한 그림이다.

[그림 5] 관계 맺는 자로 본 기술적 형상의 소통 과정

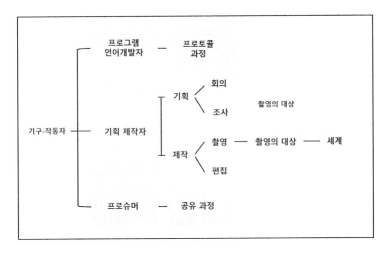

첫 번째 컴퓨터와 인간이 소통하는 차원은 프로토콜이다. 프로토콜은 인간이 컴퓨터에게 명령을 하는 언어를 만드는 과정이다. 또한, 이러한 차원은 다시 컴퓨터 언어를 통해 컴퓨터에게 명령을 하는

---

43) 명령은 일방향의 소통으로 이해할 수 있다.

차원의 코딩이 나타난다. 코딩 언어 개발자 그리고 코드를 통해 코딩을 하는 위계 구조가 드러난다. 플루서가 이야기하는 기술과학의 차원에서 일어나는 소통 방식은 고도의 직설법과 노골적인 명령법으로 이루어진다는 점을 짐작할 수 있다. 이 글에서는 인간이 컴퓨터에게 소통하는 방식·프로토콜에 집중하여 코무니콜로기의 요소를 통해 분석해 보고자 한다.

두번째 인간이 세계와 소통하는 차원이다. 이는 인간이 세계를 대상화하는 것으로, 콘텐츠 기획·생산차원으로 볼 수 있다. 어플리케이션, 텔레비전 프로그램 기획·제작 등으로 볼 수 있다. 인간이 세계를 대상화한다는 것은 인간이 세계를 바라보는 관점에 따라 다른데, 현재에 유효한 관점은 인간중심주의가 대표적이므로, 인간이 세계를 대상화하는 것으로 보았다. 세계에는 인간이 포함될 수 있다. 세계에는 인간과 인간이 아닌 세계로 구별할 수 있고, 기술적 형상 카메라에 담기는 인간에는 소통의 구조가 발생한다. 예를 들어, TV 프로그램의 드라마 중 배우들이나 출연자들 간의 소통 구조가 그것이다. 다음 그림은 촬영이라는 기술적 형상의소통 과정 안에서 소통의 대상인 세계와 인간을 정리한 것이다.

이 글에서는 카메라가 보는 세계로서의 인간 사이의 소통구조가 비슷한 주제의 다른 프로그램들과 확연히 구별되는 JTBC <비정상회담>을 분석하고자 한다. 기획·제작의 과정의 기준은 신정아의 논문에 나오는 TV 다큐멘터리 기획·제작 과정을 참고하였으며, 기획과정에서는 글의 의도에 맞게 수정하였다. 기획에는 기획회의, 사전조사, 인터뷰로 보았으며, 이때 발생하는 소통의 구조와 분자 등을 살펴보았다. 제작에서는 원고, 촬영, 편집, 녹음 및 효과, 그래픽에서 나타나는 소통의 구조와 분자 등을 점검하였다. 제작에서는 인간이 카메라를 통해 세계(인간 포함)를 담아내는 과정과 카메라 안의 세계 속에서 인간과 세계의 소통 과정, 인간과 인간의 소통과정 등을 분류하였다.

세 번째 인간과 인간이 소통하는 차원이다. 두 번째 차원이 플랫폼을 만들어 낸 것이라면, 세 번째는 플랫폼 안에서 인간이 소통을 하며 만들어내는 콘텐츠로 볼 수 있다. 이 글에서는 소셜네트워크 서비스 SNS의 대표적인 페이스북(Facebook)의 일반적 사용에서 접근할 수 있는 사용자 방식을 분석하고자 한다. 페이스북에서 제공하는 사용자 플로우(flow)와 사용자 입장에서 페이스북에서 이루어지는 사용자 간 소통으로 분류하였다. 플로우는 페이스북이 사용자에게 보내는 소통 구조 및 코무니케메로 어떻게 사용자에게 작동하는지 보고자 한다. 이때 플랫폼과 콘텐츠의 개념은 상대적이다. 예를 들어, 페이스북은 사진이나 문자가 소통될 수 있는 플랫폼이지만, 사용자의 모바일 디바이스가 기준이 될 때는 콘텐츠가 된다.

이 글에서는 기술적 형상이 컴퓨터 프로그래밍 언어로 이루어진 혹은 기술적 프로토콜에 의해 이루어진 인간의 소통 도구가 어떻게 소통이 이루어지는가를 살펴보기 위해 대상의 분류 기준을 점검해 보고자 한다.

기술적 형상은 세 가지 차원에서 소통 과정을 분석해 볼 수 있다. 첫째 기술적 형상의 본질에 해당하는 프로그래밍 언어가 어떻게 만들어지는가 하는 것이며, 두 번째는 프로그래밍 언어를 통해 형상화된 것들을 어떻게 가공하느냐 하는 것이다. 이는 대중매체 혹은 코딩을 통한 어플리케이션 제작자 등에 해당한다. 세 번째는 이러한 대중 매체를 이용하거나 어플리케이션을 이용하는 사람들끼리 어떻게 소통을 하고 있는가이다. 이때 기획은 세 가지 영역에서 모두 적용할 수 있다.

2. 콘텐츠의 소통과정 첫번째: 인간과 컴퓨터의 관계

프로그래밍 과정을 철학적으로 살펴 본 사례는 드물었다. 철학의 대상은 문자였고, 컴퓨터는 숫자를 대상으로 한 학문에서 비롯된 것이기 때문이다. 그런 점에서 문자로 숫자를 의미화 한다는 것은 흥미롭다. 플루서는 기술적 형상 내에 실제적인 정보를 암호화하는 것을 이해하지 못하지만, 영화를 이해하고, 텔레비전 프로그램을 비판하며 x-레이 사진까지 해독한다고 믿는 것이 위험한 오류라고 하였다.44) 기술적 형상의 본질을 이해하기 위해서 그것이 그림과 차별화되는 지점은 유의미하다. 전통적인 그림이 한 사람에 의해 그려지는 주관성이라면, 기술적 형상, 프로그래밍 언어로 이루어진 것은 산술적 정보들이 작업하는 객관성을 지니는 것이다. 플루서는 이러한 정보들이 추상이며, 천문학적 텍스트의 개념으로 보았다. 이러한 조작적 본질을 살펴보기 위해서는 인간이 기계, 컴퓨터에게 소통을 할 때 어떻게 작동되는지 그리고 그것의 소통 구조와 분자를 보고, 코무니콜로기적 본질을 환기시키는 것이 필요하다.

---

44) 빌렘 플루서, 『코무니콜로기』, 커뮤니케이션북스, 2001, 147쪽.

**1. 소통의
도구와 과정**

컴퓨터 프로그래밍의 프로토콜 분석은 인간과 컴퓨터가 소통을 하는 과정을 코무니콜로기적 요소로 살펴보는 것이다. 프로토콜은 앞서 밝힌바와 같이 인간과 컴퓨터의 소통이며, 그것은 산술적 도식과 구조로 코드화되어 있다. 이를 살펴보려는 것은 기술적 형상이 어떻게 작동되느냐의 질문이기도 하다.

언어 개발자는 기초 물리학의 영역에까지 소급할 수 있다. 포항공대 기초과학연구원에서 발표한 4진법 소자의 발견도 같은 맥락이다. 전자의 소통에서 방향을 바꾸어 주면, 4진법이 가능해진다는 것은 '방향'에 대한 코무니콜로기적 해석을 가능하게 한다. 직관수학의 경우 직설법이 아닌 원망법의 코무니케메로 해석할 수 있다. 이처럼 수학과 물리학에서 보이는 문제해결 방법에서 소통의 도식적 적용이 가능하다. 안경이 인간 눈의 가능을 확장한 기계이듯이, 컴퓨터는 인간의 뇌를 확장한 기계이다.

다른 기계와 달리 인간의 뇌가 가지는 기능들을 수행하는 컴퓨터는 언어를 필요로 한다. 이때 프로그래밍 언어는 컴퓨터가 일을 수행할 수 있는 작업-프로그램을 작성할 수 있도록 하는 기호체계이다. 인간의 언어가 인간끼리의 소통을 위해 만들어진 기호체계라면, 프로그래밍 언어는 인간이 기계에게 소통을 하기 위해 만들어진 언어로 볼 수 있다. 숫자는 프로그래밍 언어를 구성하는 기초 도구로 볼 수 있다.

(1) 소통도구

① 숫자

인간과 컴퓨터는 소통할 수 있는가? 소통은 경계의 지평을 재구성하게 해준다. 소통의 전제 조건은 경계이다. 경계를 가지고 있는 모든 것은 소통할 수 있다. 명령도 소통의 한 종류이다. 일방향의 태도로 이해할 수 있다. 이 글에서 서술하는 소통 도구는 인간과 컴퓨터가 소통을 할 때 쓰이는 도구이다. 이는 숫자이다. 문자와 숫자는 기호와 상징이라는 측면에서 공통점이 있지만, 문자는 의미를 뜻하고, 물리적 공간의 한계에따라 기의와 기표가 달라진다. 언어를 기록하는 역할을 하는 문자는 공간의 한계를 벗어나지 못하지만, 숫자는 이와 다르다.

기술적 형상의 소통 도구는 숫자로 볼 수 있다. 이 지점에서 왜 과학기술이 철학이 일구어 왔던 발전과는 비교도 할 수 없이 빠르게 발전되어 왔는지도 유추할 수 있다. 의미를 다루는 문자가 의미를 공유할 수 있는 지역권 문화권익 사람들에 의해서만 발전되어 왔다는 측면을 본다면, 숫자의 발전은 의미가 아니기에 지역이나 문화를 초월한 전 세계인들의 공통된 교육을 통해서 발전될 수 있었다. 더불어 숫자의 미덕은 처리 속도와 정확성에서 비롯된 것이기도 하다. 이러한 측면에서 문자를 통해 소통하던 시대의 발전과 숫자를 통해 소통하는 시대의 발전에는 시간의 차이가 생길 수 있다. 비릴리오는 모든 기술이 적용된 도구들은 기술의 매체성인 속도를 높이기 위한 내용이 내재되어 있어 인간에 영향을 미친다고 보았다. 이처럼 숫자, 0과 1의 조합으로 컴퓨터에서 전달하는 언어인 다짓(digit)이 기술적 형상의 1차적 소통도구로 볼 수 있다. 다음은 프로그래밍 언어가 처음 기계어로서 숫자로 표현된 것을 나타낸 그림이다.

[그림 7] 사람과 기계의 소통

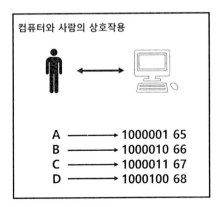

② 프로그래밍 언어

숫자로 이루어진 기계어는 다시 프로그래밍 언어의 체계를 가진다.
프로그래밍 언어의 시대적 변화는 다음 그림과 같다.

[그림 8] 컴퓨터 운영체제 및 프로그래밍 언어의 역사

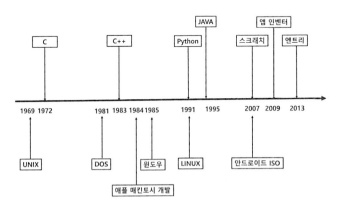

자료출처: Postech MOOC 『컴퓨터공학 입문』

컴퓨터 프로그래밍 언어는 시대의 변화에 따라 변화되어 오며, 프로그래밍 언어를 만드는 프로그램을 접근하기 위해서는 응축된 직설법에 대한 교육을 거쳐야 한다. 다음은 컴퓨터 개론에서 프로그래밍 언어에 관한 요약이다.45)

이 언어에는 저급 언어(low level language)와 고급 언어(high level language) 로 나눌 수 있다. 저급 언어는 하드웨어 지향의 기계 중심 언어로 기계어와 어셈블리어가 있다. 고급 언어는 사람이 이해하고 작성하기 쉬운 사람 중심 언어로 FORTRAN, COBOL, C, C++, JAVA가 있다

프로그래밍 언어는 사람과 컴퓨터가 의사소통을 하기 위해 만든 언어로, 지금까지는 사람이 컴퓨터에게 지시할 명령어를 기술하기 위해 만들어진 언어로 볼 수 있다. 기계어는 사람이 알아보기 어려우며, 컴퓨터에 프로그래밍화되어 있다. 어셈블리어는 인간이 이해하기 쉽도록 기호로 대응되어 표현되고 있다.

(2) 소통의 과정

① 인간과 기계의 소통: 어셈블러

하드웨어가 직접 이해하여 실행하는 기계어로 일반적으로 비트 열 또는 16진수로 표현된다. 이 때문에 인간이 이해하기 쉽도록 기계어와 거의 일대일로 대응하는 기호로 표현된 언어가 어셈블러

---

45) [네이버 지식백과] 요약 (컴퓨터 개론, 2013.3.10., 한빛아카데미(주)),
　　http://jjterms.naver.comjentry.nhn?docId=2270413&cid=51173&categoryId=51173

(assembler) 언어이다. 어셈블러 언어를 기계어로 번역하는 프로그램을 어셈블러, 번역하는 것을 어셈블이라고 한다.46) 어셈블러의 기능에 관해 정리한 그림이다.

[그림 9] 어셈블러의 기능

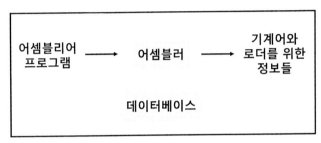

자료출처 네이버 지식백과, <컴퓨터인터넷IT용어대사전>

다음은 어셈블러의 구조이다.

[그림 10] 어셈블러의 구조

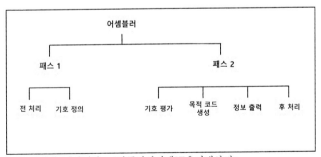

자료출처: 네이버 지식백과, <컴퓨터인터넷IT용어대사전>

---

46) [네이버 지식백과] 어셈블러(assembler), (컴퓨터인터넷IT용해대사전, 2011. 01.20., 일진사). http://term<;. naver. corrverrtry.rrhn?dceId=815431&cid

이는 어셈블리어로 작성된 프로그램을 받아들여 실행에 적합한 형태의 목적 프로그램으로 변환하는 프로그램이다. 생성되는 기계어 프로그램으로 절대 주소가 할당되는 경우도 있으나 보통은 어셈블 결과의 주소에 어떤 값을 더해서 다른 기억 장소에 로드할 수 있는 형태의 재배치가 가능하게 되어 있는 것이 많다. 어셈블리는 언어 프로세서 또는 번역기 translator의 일종이며, assembly program , assembler program이라고도 한다. 어셈블리어는 기호화되어 있기 때문에 기계어로 직접 프로그래밍하는 것보다도 프로그램의 작성이 용이하며, 또 기계어와 거의 일대일로 대응하고 있기 때문에 실행 효율이 좋은 프로그램을 기술할 수 있는 특징이 있다. 반면 기계어에 가깝기 때문에 고급 언어 (COBOL, FORTRAN 등)로 기술하는 것보다 프로그램이 복잡해지게 된다. 이때문에 어셈블러로 기술되는 프로그램은 운영 체제 등에 한정되어 있는 것이 현실이다.

[그림 11] 패스1과 패스2의 접속도

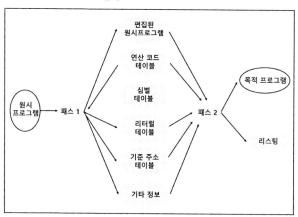

자료출처: 네이버 지식백과, <컴퓨터인터넷IT용어대사전>

어셈블리의 기능과 구조, 패스1과 패스2의 접속도를 정리한 그림에서 보다시피, 일방향으로 이루어져 있다는 것을 확인할 수 있다. 이는 코무니케메의 직설법, 인식으로 이루어져 있다. 인간과 기계의 소통방식은 일방향의 직설법 코무니케메로 볼 수 있다. 코무니케메의 개념이 인간의 일생을 기본 단위로 한 것이라면, 기계와 인간의 소통은 찰나의 인식에 관련된 것이다. 이때 고민해 볼 수 있는 것은 인간이 기계에 전하는 인식과 인간이 기계를 통하여 소통하는 차원의 관계이다.

② 프로그래밍

다음은 프로그래밍에 대한 일반적 이해에 관한 글이다.[47)]

> 컴퓨터 프로그래밍(computer programming) 또는 프로그래밍
> (programming, 문화어 프로그램 작성 혹은 코딩(coding)은 하나
> 이상의 관련된 추상 알고리즘을 특정한 프로그래밍 언어를 이용
> 해 구체적인 컴퓨터 프로그램으로 구현하는 기술을 말한다. 프로
> 그래밍은 기법, 과학, 수학, 공학적 속성들을 가지고 있다.
> 수식이나 작업을 컴퓨터에 알맞도록 정리해서 순서를 정하고 컴
> 퓨터 특유의 명령코드로 고쳐 쓰는 작업을 총칭해서 프로그래밍
> 이라 하고, 컴퓨터의 명령코드를 쓰는 작업을 코딩(coding)이라고
> 도 한다. 컴퓨터가 처음 나타난 1950년대 초기까지는 프로그래밍
> 은 숫자를 나열한 명령코드를 쓰는 것이었다. 이것을 기계어

---

47) [네이버 지식백과] 프로그래밍 언어 [Programmïng Languagel (손에 잡히는 IT
시사용어, 2008.02.01. 한국정보통신기술협회), http://terms.naver.com/entry.
nhn?docId=1159441&cid=40942&categoryld=32837

(machine language)라 한다.

그러나 기계어에서는 틀리기 쉽고, 또한 틀린 곳을 발견하기가 어렵다는 등 작업하기가 곤란하므로, 그후 인간이 외우기 쉬운 기호나 언어·수식을 사용해서 프로그램을 쓰고, 그것을 일단 컴퓨터에 넣어서 컴퓨터 자신의 명령코드로 고쳐 그것으로부터 계산을 실시하는 방식이 고안되었다. 이것은 프로그램을 만드는 작업의 일부를 컴퓨터 자체에 부담시켜 작업 능률을 향상시키자는 방식이다.

프로그래밍 언어를 기술하기 위해 가장 일반적인 표기법은 BNF(Backus-Naur Form)이 있다. 이는 일정한 생성 큐척들의 집합으로 구성되어 있다. 이 역시 인식으로 보는 직설법 코무니케메로 볼 수 있다. 대부분 프로그래밍 언어는 선언문을 통해 변수를 사용한다. 이때 선언문은 코무니케메 명령법으로 볼 수 있다. 한방향이며, 태도와 관련된 것으로 볼 수 있다. 프로그래밍의 문법에서 조건문 역시 인식-태도로 볼 수 있다. 프로그램의 모든 자료에는 형(type)이 있는데, 자료형이란 저장할 수 있는 값의 집합뿐만 아니라 수행할 수 있는 연산의 집합까지 포함한다. 이때 자료형은 프로그래밍 언어가 축적될 수 있는 개념을 의미하고, 연산의 집합은 다시 명령으로 종합된다. 이는 직설법과 명령법의 조합과 축적으로 볼 수 있는데, 문자언어가 만들어지는 과정도 직설법과 명령법이지만, 기술적 형상과 크게 차별되는 점은 숫자의 경우 문자가 하는 일차적 인식이 연산을 통해 인간이 인지할 수 없는 속도로 축적이 되어, 태도와 인식의 코무니케메를 심화시킨다는 점이다.

프로그램은 위에서부터 아래로 한 문장씩 순차적으로 실행된다. 조건문이나 반복문을 이용하면 프로그램 실행 순서에 변화를 가져올 수 있다. 조건문은 조건에 따라 둘 또는 그 이상의 실행 경로 중에서 하나를 선택할 수 있는 수단을 제공하는데, 조건이 참이냐 거짓이냐에 따라 선택하는 양자택일문과 여러 경로 중 하나를 선택하는 다자택일문으로 구분할 수 있다. 이때 조건문을 소통에 있어 쌍방향, 원망법으로 볼 수도 있으나, 조건문을 만드는 프로토콜은 직설법 · 명령법이라 할 수 있다. 반복문은 여러 번 같은 기능이 실행되는 경우에 이 기능을 하나의 단위로 만들고 명령을 내리면 프로그램이 더 간결해지고 이해하기도 쉬워지는 것으로 보았다. 반복문은 코무니케메 명령법으로 볼 수 있으며, 시간을 접어 명령법인 태도는 더 깊어진다.

인간이 컴퓨터와 소통할 때 쓰이는 것은 코무니케메적으로 보았을 때, 인식과 명령인 직설법과 명령법으로 볼 수 있으며, 이때는 이성이 주로 쓰인다고 볼 수 있다. 왜냐하면 인간의 상정 기호인 숫자와 텍스트를 기반으로 한 이해와 논리를 주로 사용하기 때문이다.

> 주어진 문제를 분석·이해하고, 문제의 해결방법을 컴퓨터 공학 원리를 적용하여 알고리즘을 도출하고 컴퓨터가 이해하는 프로그래밍 언어로 제시하는 사고 능력이다.[48]

---

48) Postech Mooc 교육프로그램, 『컴퓨터공학입문』, http://www. ∞6techx. kr/ko/ cour연eware/15428

[그림 12] 다양한 프로그래밍 언어

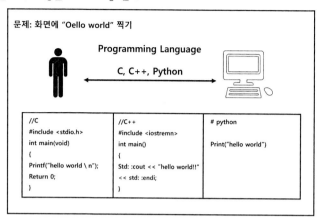

자료출처: Postech MOOC, 『컴퓨터공학 입문』

   프로그래밍 언어들은 층위들을 가지고 있는데, 프로토콜에서는 피라미드형 담론, 프로그래밍 언어의 문법 안에서는 나무형 담론으로 볼 수 있다. 하드웨어는 컴퓨터를 구성하는 물리적인 장치이고, 소프트웨어는 컴퓨터가 수행할 작업을 지시하는 명령들의 집합이다. 소프트웨어에는 운영체제와 컴파일러로 된 시스템 소프트웨어와 워드프로세서, 게임으로 된 응용 소프트웨어가 있다. 컴퓨터의 프로그램을 작성하기 위해 고안된 언어로 가장 간단한 언어는 기계어를 영문자의 기호로 치환한 어셈블리어이며, 이 수준의 언어는 특정한 컴퓨터와 밀접하게 결부되어 있다.

   수준이 높은 언어는 컴퓨터와 독립적인 문법 구조를 가지며, 이와 같은 처리 프로그램을 감추고 있기만 하면 어떠한 컴퓨터라도 실행할 수 있도록 되어 있다. 이런 종류의 언어에는 포트란(FORTRAN:

FORmula TRANslationl · 알골(ALGOL: ALGOrithmic Languagel · 코볼 (COBOL: COmmon Business Oriented Language)과 같은 일반 적인 계산 처리용, 보고서 작성용의 아르피지(RPG: Report Program Generatorl, 공학용의 다이너모(DYNAMO: DYNAmic MOdel), MPS와 같은 응용 문제 언어, 그래프 표시(Graphic Display)용 언어, 시분할계(Time-sharing)용 언어 등도 있다.

컴퓨터가 취급하는 작업의 종류가 다양화됨에 따라서 컴퓨터의 운전을 관리하는 관리 프로그램도 복잡해졌다. 관리 프로그램 자체 에서 제어언어를 갖고 있게 되었다. 특정 프로그래밍 언어로 쓰인 프로그램은 기계어로 번역되어 컴퓨터에 의해 실행되며, 어떤 프로 그래밍 언어도 기계어로 번역이 가능하다.

어떤 언어에서는 기계어 대신 p-부호로 불리는 바리를 생성하기 도 한다. 프로그래머가 기계 부호로 직접 작성하는 것도 가능하지만, 이는 어려운 작업이다. 컴퓨터 제어가 필요한 경우 프로그래머들은 기계어 명령어에 대한 일대일 연상 기호 대응인 어셈블리어를 사용 한다. 서로 다른 프로그래밍 언어는 다른 프로그래밍 유형을 지원하기 때 문에 분야에 따라 적합한 언어가 존재한다.

2. 소통 인자

프로토콜과 컴퓨터는 인간의 명령을 인식 하고, 조건문 혹은 프로그래밍 언어도 인 식으로 작동받기 때문에 직설법의 소통 인자로 볼 수 있다. 이는 의미의 문자와 달 리 맥락을 따지지 않고 적용할 수 있다. 문자가 만들어지는 방법도 같은 소통인자로 볼 수 있다. 직설법으로 이루어진 컴퓨터 언어는 인간이 컴퓨터에 실행을 시키면서 명령법의 코무니케메로 이루어진다. 연산은 적설법이지만, 연산이 명령으로 종합되면 이는 명령법 코무니케메로 볼 수 있다. 프로토콜 안에서 연산의 속도와 누적만큼 직설법과 명령법이 응축되어 있다.

[그림 13] 컴퓨터와 자료 표현

자료 표현 원리	바이트 크기					v·d·e·h
	SI 접두어		전통적 용법		이진 접두어	
	기호(이름)	값	기호	값	기호(이름)	V값
2진수(binary) 체계를 사용 / 전기신회 ON(1), OFF(0)	kB (킬로바이트)	$1000^1 = 10^3$	KB	$1024^1 = 2^{10}$	KiB (키비바이트)	2^{10}
비트(bit)	MB (메가바이트)	$1000^2 = 10^6$	MB	$1024^2 = 2^{20}$	MiB (메비바이트)	2^{20}
Binary Digit, 0 또는 1의 두 개 정보를표현하는 정보의 최소 단위	GB (기가바이트)	$1000^3 = 10^9$	GB	$1024^3 = 2^{30}$	GiB (기비바이트)	2^{30}
	TB (테라바이트)	$1000^4 = 10^{12}$	TB	$1024^4 = 2^{40}$	TiB (테비바이트)	2^{40}
바이트(byte)	PB (페타바이트)	$1000^5 = 10^{15}$	PB	$1024^5 = 2^{50}$	PiB (페비바이트)	2^{50}
dusthrehls 8ro의 비트 (128개), 문자를 표현하는 단위	EB (엑사바이트)	$1000^6 = 10^{18}$	EB	$1024^6 = 2^{60}$	EiB (엑스비바이트)	2^{60}
	ZB (제타바이트)	$1000^7 = 10^{21}$	ZB	$1024^7 = 2^{70}$	ZiB (제비바이트)	2^{70}
	YB (요타바이트)	$1000^8 = 10^{24}$	YB	$1024^8 = 2^{80}$	YiB (요비바이트)	2^{80}

자료출처: Postech MOOC, 『컴퓨터공학 입문』

　컴퓨터는 전자적으로 계산을 수행하는 장치로 인간의 뇌를 대신한다. 인간의 소통 능력은 눈으로 보이지 않는 컴퓨터의 알고리즘과 같지만, 머리가 하드웨어이며, 사유능력과 감각을 이용한 표현 능력이 소프트웨어로 볼 수 있다. 이러한 정보들을 연결시키는 인터넷은 인간의 구두 언어를 이동시키는 공기로 볼 수 있다. 대부분의 소통 도구들과 소통 능력간의 관계는 코무니케메적으로 명령법과 직설법으로 이루어져 있으나, 기술적 형상만의 고유한 특정은 이러한 코무니케메의 응축이 무한 반복하는 차원으로 인간이 헤아릴 수 있는 영역을 벗어난다는 것이다.

기술에 대해 철학적으로 사유하는 것은 과정에 대한 분석적 사고를 대상으로 하는 것이며, 이때 이루어지는 과정을 정리하면서 일방적으로 나타난 소통 구조와 감각기관의 환기는 앞으로의 만물인터넷, 가상현실등의 기술적 형상 기획에서의 문제의식을 떠오르게 해준다. 기술적 형상의 본질적 특성으로 인해 요구되는 소통 능력은 영성이라고 할 수 있다. 영성은 코무니케메의 원망법과 관계가 있으며, 기도나 희망한다는 문제는 인공지능에게 난제가 될 것이다. 이때 원망법의 방향성은 4진법 소자의 발견49)을 철학적으로 설명할 수 있는 부분이 된다.

3. 특성과 한계

오늘날의 문화적 기록들과 과거의 기록들 사이의 가장 결정적인 차이는 오늘날의 빅데이터는 디지털 형태로 존재한다는 점이다.50) 이것은 소통 도구로서의 특성을 분명하게 드러낸다. 같은 담론형태이지만 어떻게 만드느냐가 다르다. 디지털 미디어는 정보를 확실하게 변형시키고 조작할 수 있게 해준다51)는 점은 디지털의 본질을 헤아리게 해준다. 기술적 정보들은 프로그래밍 언어 중 코딩을 수정하면 형상을 쉽게 바꿀 수 있다는 점에서 다른 매체들과 차별화된다. 이것은 산술적 언어로 이루어진 매체의 특징이다.

디지털 소통에서 중요한 것은 수학적 지식을 어떻게 해석하고 처리할 것인가에 대한 논의를 마련하는 것이다. 지금까지 문자 중심주

---

49) IT조선, 한국연구진, 인공지능 시대 위한 신개념 '4진법' 연산소자 구현
　 http://it.chosun.com/news/arti미e.htrnl?no=2830400
50) 에레즈 에이든·장바디스트미셸, 『빅데이터 인문학』, 김재중 역, 사계절, 2015, 21쪽.
51) 에레즈 에이든·장바디스트 미셸, 앞의책, 21쪽.

의적 사고 안에서 내용만을 사고했다면, 이제 인간에게 영향을 줄수 있는 측면의 인공지능, 그리고 인간의 경험과 능력을 넘어서는 인공지능 컴퓨터와 인간이 상호작용하는 것에 대해 어떤 평가를 내려야 하는지에 관한 것이다.

컴퓨터 언어는 연산과 명령으로 이루어져 있다. 컴퓨터의 알고리즘은 인식의 세계에서만 작동한다. 상상이나 경험의 세계가 아니다. 이런 알고리즘 안에서 인간 역시 부지불식간에 인식과 명령으로만 이루어진 전체주의적 구조 안에 놓이게 된다는 것이며, 그를 통해 얻는 소통 역시 인간이 눈치채지 못하는 사이에 기획자가 의도하는 바대로 반성 없이 받아들여진다. 정보의 자유라고 할 수 있지만, 정보의 분명한 한계이며, 검색 역시 정보의 바다에서 길어 올릴 수 있는 것이 무엇인지 포털 검색 엔진이 찾아주지 않는 이상 우리는 그것을 찾을 수 없다. 그런 측면에서 인터넷은 우리에게 간편하고 편리함을 주었지만, 무능력과 순진함을 요구하고 있다. 이때 우리에게 요구되는 기술적 상상은 기술의 본질을 파악하고자 하는 것과 숨겨진 코드의 의도를 파악하고자 하는 측면과 함께 관계 자체에 대해 반성하는 것이기도 하다.

증강현실 시대에 우리는 움직임이 숫자로, 정보로 전환되고, 그 숫자와 정보는 다시 우리의 움직임에 반영되어 나타나는 시대에 살고 있다. 예를 들어 아마존고(Amazon Go)와 같은 플랫폼 양식이다. 기술적 형상이 소통의 도구뿐만이 아니라 세계를 구성하고 있는 셈이다. 진중권은 인간과 세계를 이미지가 어떻게 매개하는가에 대해 플루서의 논지를 토대로 답변을 재구성해볼 수 있다고 하였다.[52] 디지털 형상은

---

52) 진중권, 『이미지인문학1』, 천년의 상상, 2014, 53쪽.

픽셀, 점으로 이루어져 있으나, 모니터를 '비트의 분산'이라 부르듯이 점을 '미립자'로 볼 수 있다. 과학은 사물을 분석할 뿐 아니라 합성한다. 그리고 그 가상은 새로운 현실이 된다. 픽셀을 조작해 사진을 만들고, 전송과 복제를 하고 합성을 한다. 인간이 사실상 창조주가 된다. 유발 하라리의 '호모 데우스'53)의 문제의식도 같은 지점이다.

김무규는 디지털의 기술적 원리를 모율의 계산으로 보았다. 콘텐츠는 기본적으로 균일한 단위들의 양적인 조합이라는 것이다.54) 그리고 모든 모율의 계산과 처리는 컴퓨터를 통해 수행된다는 것이다. 이 특성의 함의가 중요하다고 보았다. 필자 역시 이러한 문제의식에 공감하고 있다.

"비트는 색깔도 크기도 무게도 없으며 광속으로 여행할 수도 있다. 그것은 정보 DNA의 가장 작은 원자 요소이다.55) 이러한 특성을 마노비치는 모율성으로 보았다. 복잡한 작업도 모율의 계산을 통해 합성이 된다. 또한, 사용자가 직접 하는 것이 아닌 컴퓨터에 의해 수행된다. 튜링머신(Turing machine)56)의 원리는 비트나 모율이라는 개념을 통해 단순한 기계적 작용이 무한 반복적으로 수행하면 세계가 구성될 수 있음을 보여준 시도이다.

김무규는 디지털 영상코드에서 가장 흥미로운 점이 콘텐츠가 모율로 이루어져 있다는 것이라고 보았다. 이 때문에 항상 자동적으로 계산될 수 있고, 쉽게 변화될 수 있는 것이다. 따라서 콘텐츠는 변화에 강하고 확정에 약하다고 보았으며, 마노비치는 이를 가변성이라는 개념으로 정리하였다. 가상현실이든 인공지능이든 컴퓨터 프로그래밍 언어로 이루어진 것들이 가지고 있는 기본적 특성들은 모율

---

53) 유발하라리, 『호모데우스』, 김영사, 2017.
54) 김무규, 「디지털 영상의 기술적 원리와 구성주의적 특성: 빌렘 플루서의 기술적 형상 개념을 중심으로」, 『한국빙송학보』, Vo1.29(5), 2014.
55) 니콜라스 네그로폰테, 『디지털이다』, 백욱인 역, 커뮤니케이션북스, 1995, 14쪽.
56) http://terrns. naver. coml entry. nhn?docld= 2270502&cid=51173&categolyId=51173

로 인해 전산과 정보의 이동이 즉흥적이라는 것이다. 미디어에 내재된 근원적인 문제로 인해 우리는 콘텐츠를 쉽게 혹은 크게 오해할 수 있다.

컴퓨터에 의해 만들어진 가상세계 커뮤니케이션 상황은 엘리트적인 것과 대중적인 것으로 나뉠 수 있는데, 이 기준은 엘리트가 콘텐츠를 만든다면, 대중은 콘텐츠를 소비하는 것으로 볼 수 있다.[57] '창조적 상상가'는 엘리트가 만든 콘텐츠에 종속되는 것이 아니라 유희하면서 새로운 기술적 상상력을 만들어 내고, 이것이 엘리트에게 전달된다고 보았다.[58]

기술적 형상들은 텍스트, 맥락, 의미가 아닌 모두를 정보화해서 소통한다. 프로토콜은 보다 분명하고 빠르게 소통하기 위한 규약이다. 문자언어가 쓰고 읽기라는 물리적 시간의 조건 속에서 그 해독과 창조가 이루어졌다면, 기술적 형상, 콘텐츠는 물리적 인지가 불가능하다. 손가락으로 키보드를 누르면, 즉시 화면에 뜨는 전기화는 그 중간과정이 블랙박스라는 이론 속에서 사라져 버린다.

코드화하는 전문가들조차 인지가 불가능한 영역인 블랙박스는 기술적 형상의 본질을 헤아릴 수 있는 영역이라 할 수 있다. 플루서의 코무니케메 · 소통인자 · 소통 태도 모델로 따져보면, 프로토콜은 1과 0 사이의 허수들을 따져보지 않고, '1+1=2'로 이해되는 직설법과 코맨드(command)의 응집으로 이루어져 있다는 것을 알 수 있다.

콘텐츠의 생성 프로토콜이 명령법적 태도로 응축되어 있다는 것은 사진기의 양자화와 마찬가지로 사진사에게 자유는 셔터를 누르느냐 마느냐라고 했던 플루서의 지적처럼 콘텐츠 환경에서 자유는

---

57) 콘텐츠를 만들 수 있다고 생각하는 대중은 알고리즘과 프로토콜을 다룰 수 있냐는 점에서 엘리트와 구별된다.
58) 김은주·김재웅, 앞의 글, 282쪽.

무의미할 수 있다. 콘텐츠의 내용이 사실이든 아니든 그것이 순간적으로 사실(fact)로 인식된다는 것은 반론의 여지를 찾기 힘들 것이다.

프로그래밍 언어는 컴퓨터에게 명령을 전달하는 기능으로 정리할 수 있다. 컴퓨터 공학 사고력은 정보를 처리하는 과정과 방식을 이해하고, 다시 컴퓨터에게 프로그래밍 언어로 명령할 수 있는 사고력으로 볼 수 있다. 이때 기술적 형상에서의 소통은 기계를 대하는 태도와 인식을 바탕으로 한 연산의 과정이다. 인식은 연산의 전제가 되고, 연산은 처리 과정을 통해 응축이 무한 반복된다. 문제해결 방법의 설계는 알고리즘의 설계로 볼 수 있다. 기술적 형상의 알고리즘은 연산과 명령의 응축이며, 알고리즘의 설계와 구현은 모두 이것에 종속된다.

컴퓨터 프로그래밍 언어의 프로토콜이 인간이 기계에게 내리는 명령으로 시작되었고, 일방향적인 코무니케메인 직설법이며, 반드시 실행하라는 태도는 필연적이다. 이를 응축해서 만들어낸 기술적 형상의 알고리즘 안에 인간이 들어오는 순간, 그 명령체계에 따라 자율적 전체주의에 놓인다. 플루서는 기술적 형상을 해독한다는 것은 그 가면을 벗기는 것이라고 하였다.59) 또한, 코드에 기초를 둔 규칙들을 해독한다는 의미는 '기만이 중요한 문제라는 것을 느끼게해 준다.60) 컴퓨팅 사고능력에서 중요한 것은 계산을 할 수 있는 대상과 처리 방식이다. 하지만 왜 그것을 해야 하는지에 대해서는 직설법, 명령법에 해당할 뿐이다. 많은 정보를 주어야 가능한 서버와 정보에 종속되는 것이다. 프로토콜 연구에서 코무니콜로기적 관점을 반성한다면 우리는 기존의 기술적 형상이 일상적 소통 도구가 되었을 때 한번 굴절된 정보가 왜 그렇게 크게 왜곡되는지에 대한 문제의 원인을 진단할 수 있다.

---

59) 빌렘 플루서, 앞의 글, 2001, 158쪽.
60) 빌렘 플루서, 앞의 글, 2001, 159쪽.

3. 콘텐츠의 소통 과정 두번째: 인간과 세계의 관계

인간과 세계가 기술적 형상을 통해 소통하는 차원에서 방송콘텐츠 및 어플리케이션과 같은 소프트웨어의 기획과 제작 과정을 살펴보고자 한다. 기술적 형상을 통해 인간과 세계가 소통하는 차원으로, 이는 카메라라는 기술적 형상을 통해 세계를 바라보고 연출하는 차원으로 볼 수 있다. 기술적 형상을 통해 연출자인 관계 맺는 자 인간은 세계를 바라본다.

이때 연출 기획 및 목표가 드러나고, 세계를 찍기도 하고, 인간을 찍기도 한다. 인간은 세계로서의 인간으로 대부분 TV 프로그램에서는 연출자들의 기획 의도에 따라 연출된 세계로 볼 수 있다. 일반적 의미의 연출자와 출연자는 카메라인 기술적 형상을 통해 일방향적 명령 구조를 갖고 있다. 이는 대부분 기술적 형상을 통한 콘텐츠 제작에 있어서 연출자들이 컴퓨터 프로그래밍 언어를 만드는 사람과 마찬가지로 언어를 만드는 명령법의 코무니케메가 작동된다고 볼 수 있다.

플루서가 대중매체가 대부분 명령법으로 이루어져 있다고 밝힌 것은 이러한 소통 과정을 전제로 한 것이라 볼 수 있다. 프로그래밍 언어를 창조·해독하는 사람과 그 언어를 통해 이루어진 기술적 형상을 쓰는 사람이다. 글쓴이는 관계 맺는 자에 기획·제작자의 차원과 소비생산자의 차원을 분류하였다. 왜냐하면, 콘텐츠 기획 생산의 현장에서 둘은 뚜렷하게 구별되기 때문이다.

1. 콘텐츠 기획 과정

콘텐츠 기획과 제작의 대상은 크게 전통적인 대중매체와 새로운 소프트웨어로 볼 수 있다. 이때의 기획을 도식화해보면, 대체로 대중매체는 동영상이 주를 이룬다는 것을 확인할 수 있다. 이는 시각과 청각에 의존한 콘텐츠가 많다는 것이며, 앞으로 시간과 공간의 한계를 넘을 수 있는 플랫폼을 기획 제작하기 위해서는 다른 감각기관을 활용할 수 있는 발상의 전환이 필요하다. 이때 도식적 활용은 구체적인 기획에 접근하는데 효과적이다.

대중매체에서 기술적 형상을 기획하고 제작하는 사람은 방송프로듀서, 제작자 등으로 볼 수 있다. 이는 첫 번째 관계 맺는 자인 사람이 컴퓨터와 소통을 해서 만들어낸 기술적 형상이 카메라, 컴퓨터, 모바일 등이라면, 이를 통해 기획하고 소통거리들을 생산하는 두 번째 차원의 사람이 있다. 이 사람들은 기술적 형상을 통해 세계와 관계를 맺고 있는데, 이 세계는 기술적 형상인 카메라가 바라보는 것이다. 이때 세계는 제작자의 기획 의도에 따라 연출이 될 수도 있고, 실사가 될 수도 있으며, 사람이나 동물이 될 수도 있다. 이 세계 안에 대상으로서의 인간도 포함이 된다. 이는 두 번째 관계 맺는 자인 기획·제작자로서의 인간이 세계와 관계하는 것이다. 이때 세계는 인간이 기술적 형상을 통해 대상화하는 모든 것이 될 수 있다. 다음 그림은 기구 작동자의 세 가지 차원에서 콘텐츠의 소통 과정을 정리한 것이다.

[그림 14] 관계 맺는 자와 세계의 관계

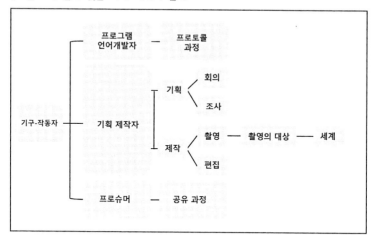

신정아는 TV 다큐멘터리의 제작 및 유통 과정을 다음과 같이 정리하였다. 이는 TV 다큐멘터리 제작 및 유통 과정을 TV 프로그램 제작 및 유통 과정으로 보아도 크게 다르지 않다.

[그림 15] TV 프로그램의 저작 및 유통 과정

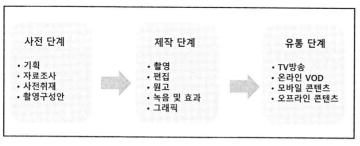

자료출처: 신정아, 「미디어 소통의 관점에서 본 TV다큐멘터리 분석 연구」, 한국외대 대학원 박사학위논문, 2014.

위의 '사전단계'는 '기획'으로 볼 수 있으며, '기획'·'제작'을 TV 프로그램 <비정상회담>이 만들어지는 과정으로 볼 수 있을 것이다. 신정아는 기획을 자료조사, 사전취재, 촬영구성안과 같은 층위로 보았는데, 기획 안에 자료조사, 사전취재, 촬영구성안 등이 들어갈 수 있다.

[그림 16] TV프로그램 기획·제작 과정

기획	제작
• 기획회의 • 자료조사 • 사전취재 • 촬영구성안	• 원고 • 촬영 • 편집 • 녹음 및 효과 • 그래픽

(1) 기획 과정

기획에서 보이는 '자료조사', '사전취재'는 기획자들이 자료와 대상을 조사 취재하는 것으로 대부분 일방향이라 할 수 있다. 자료조사는 문서를 대상으로 취재는 사람을 대상으로 하는 것이지만, 이런 작업들은 기획자의 기획 의도 안에서 다듬어지는 것으로 일방향으로 볼 수 있다. 하지만 기획 내내 이루어지는 기획 회의는 작가 혹은 연출가 내지 기획 집단내의 회의로서 쌍방향으로 볼 수 있다.

[그림 17] 기획 과정의 소통구조

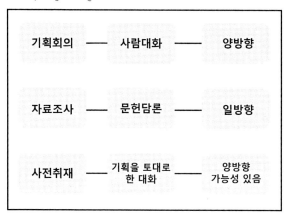

기획회의는 사람이 세계 특히 사람을 대상으로 하는 대화 가운데 원형대화로 볼 수 있다. 이때 내부회의에서 피라미드형 구조의 담론이 작동하는지는 회의 내용을 살펴보아야 알 수 있다. 인터넷 메신저는 기술적 형상으로 볼 수 있으며, 이때의 소통구조는 망형대화와 원형극장형담론의 융합으로 볼 수 있다.

자료조사는 나무형 담론 혹은 피라미드형 담론으로 볼 수 있다. 이구조에서 소통 방향은 일방향이다. 자료조사는 기획회의를 통해 나무형담론과도 융합할 수 있으며, 인터넷 조사인 경우 기술적 형상의 소통구조인 망형대화와 원형극장형 담론이 융합된 것으로 볼 수 있다. 사전취재는 세계의 사람을 대상으로 하는 것이며, 일반적인 취재 형태인 1:1로 보았다. 이때 소통구조는 원형 대화로 볼 수 있다. 쌍방향이 가능하지만, 취재 이후 대부분 기획회의에서 나온 기획의도에 맞추어 취재 내용을 다듬을 확률이 크다는 것은 담론구조안의 대화구조로 볼 수 있다.

TV 프로그램의 기획과정 가운데 기획에서 소통의 구조를 통해 살펴보면 담론의 구조가 대화의 구조를 포함하고 있는 것으로 정리할수 있다. 회의와 취재에서 사람과 사람의 소통을 통해 쌍방향 구조가드러나지만, 회의의 내용에 따라 대화나 담론의 영향력을 확인할 수있다. 기획회의 안에서 아이디어들이 어떻게 소통되는지는 알 수 있다. 기획회의의 소통 과정을 분석하면, 경쟁력이 있는 프로그램과그렇지 않은 프로그램 사이에 소통 구조의 차별점이 있을 것이라짐작한다. 기획 과정에서 쓰이는 소통 도구는 구두언어, 문자와 기술적 형상으로 볼 수 있다. 구두언어와 문자가 제작과정을 통해 기술적형상 안으로 들어갔을 때에는 모두 기술적 형상·콘텐츠로 보아야 한다.

[그림 18] 콘텐츠 기획의 소통 도구

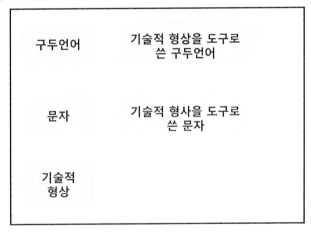

기술적 형상의 기획과 제작에서는 현대 사회에 작동하는 소통 원리들이발생한다고 볼 수 있다. 감성, 지성과 이성의 영역들이다. 소통 능력은 거시적인 관점에서 비추어 보았을 때, 각각의 소통 도구들이 요구하고, 발생되는 것으로 볼 수 있다. 그럼에도 불구하고 JTBC <비정상회담>이 만들어지는 과정 안에서 일어나는 가장 유효한 소통원리는 감성, 지성, 이성이라고 할 수 있다.

2. 콘텐츠 제작 과정

기획·제작과정에서 분석의 대상은 텔레비전, 소프트웨어, 어플리케이션 등 다양하지만, 그중에서도 이 글에서는 방송프로그램 가운데 담론의 구조에서 JTBC <뉴스룸>을 분석하고, 대화의 구조에서 JTBC의 <비정상회담>의 동영상 일부를 분석해 보고자 한다. 왜냐하면 이 프로그램들에서 대화와 담론의 구조를 뚜렷하게 비교할 수 있고, 담론의 구조가 전통적인 매체로부터 부여받은 권위를 어떻게 구조화했는지 볼 수 있으며, 대화의 구조가 문화를 전달하는데 어떤 효과를 가지는지 비교적 분명하게 드러나기 때문이다. 특히 <비정상회담>은 비슷한 목적의 다른 프로그램이 갖는 포맷과 출연자들의 소통의 구조에서 차이를 분명하게 보여주고 있으며, 숏(shot)들을 분석하면서 내용이 아닌 촬영과 편집의 구성 및 실행을 다루고자 한다.

텔레비전 프로그램의 제작 과정은 신정아가 정리한 TV프로그램의 소통 분석 틀을 참고하였다. 신정아는 분석 틀을 고안하면서 기본 개념을 '공감'으로 보았으며, TV프로그램이 어떻게 만들어지는가에 대한 구체적인 접근을 다루고 있다. 이때 이기상의 '소통'의 체계와 제레미 리프킨의 '공감' 개념을 도식적으로 접합하였는데, 이는 공감 자체가 어떻게 이루어지고 있는 지에 대한 체계를 고민하지 않았지만, TV 프로그램이 만들어지는 과정들을 다양한 차원의 맥락에서 체계화했다는 점에서 의미가 있다.

　TV 프로그램 <비정상회담>이 만들어지는 과정을 콘텐츠의 사례로 분석할 것이며, 어떻게 작동되느냐를 코무니콜로기적 요소로 뜯어보고자 한다.

(1) 제작과정

제작은 크게 촬영과 편집으로 나닐 수 있다. 원고는 촬영에 속하며, 녹음과 효과 및 그래픽은 크게 편집에 속한다고 볼 수 있다. 원고는 프로그램의 구성 시나리오로, 기획과 촬영, 편집에 영향을 미친다. 원고 자체만으로는 연출진이 출연진에게 주는 명령법으로 볼 수 있고, 출연자들의 원고 소화력은 연출자와 출연자의 소통 및 역량에 달려 있다고 본다면, 담론이 아닌 대화로 볼 수 있다.

　TV 프로그램 제작에서 가장 두드러지는 작업은 촬영과 편집이며, 이때 쓰이는 기술적 형상은 카메라와 컴퓨터이다. 일반적으로 동영상을 즐길 때에는 카메라에 담기는 화면이 보이는 전부라고 할 수 있지만, 기획의 의도와 목표, 편집 등은 촬영보다 프로그램에 기여하는 바가 크다. 촬영에는 회의를 통해 촬영감독이 카메라를 어느 방향에서 무엇을 어떻게 바라볼지 등이 정해진다.

① 담론 구조의 사례|

가. TV뉴스

TV 뉴스 프로그램은 담론구조의 전형적인 사례로 볼 수 있다. 박성호

(2016)[61]는 소통의 구조적 접근을 통해 언론 인식에 미치는 영향들을 메타적으로 분석하려고 했던 것으로 보인다. 이는 플루서가 강조한 소통이 일어나는 과정을 통해 소통의 구조와 함의를 밝혀내는 것과 같은 맥락으로 볼 수 있다. 박성호는 플루서에 대한 연구는 하지 않았음에도 불구하고, 소통과정이 언론인식과 뉴스에 미치는 관계 등을 연구가설로 세웠던 것으로 보아 언론을 메타적으로 분석하려고 문제의식을 가졌던 것으로 보인다. 조윤성·김종무(2017)[62]에서 살펴 볼 수 있다시피, 뉴스의 형태에 따라 사용자에게 전달되는 내용이 달라질 수 있다. 이는 뉴스라는 객관적 정보역시 구성과 수용자의 의미 사이에 관계가 있다는 것으로 이 연구에서 주목하는 과정 연구의 의도와 같은 맥락이라고 할 수 있다. 뉴스의 포맷과 구성, 제작과정 등은 문자의 영향을 받은 신문의 지위를 동영상 위에서 표현하고 있는 것으로 볼 수 있다. TV 뉴스 프로그램에서 보이는 일방향의 특성과 시청자를 정면으로 바라보고 있는 출연자의 화면 구조 등은 극장형 담론으로 문자 시대의 신뢰와 정치적 권위를 이어받고 있는 것처럼 보인다.

나. 렌즈·화면·오디오의 구성

뉴스 프로그램 렌즈의 구성을 살펴보기 위해, 유튜브(youtube)의 JTBC News 채널에서 제공하는 1분 49초 동영상[63]을 대상으로 하였다. 숏을

---

61) 박성호, 「TV 방송사 기자들의 조직 내 소통 특성과 언론인식 연구」, 국민대학교 박사학위논문, 2016.
62) 조윤성·김종무, 「뉴스의 제공 형태 차이에 따른 호감도 이해도 선뢰도 만족도 지속사용 의도에 관한 연구」, 디지털복합연구, 한국디지털정책학회, 제15권 제7호, 2017.
63) '노벨상' 세포부터 우주 탄생까지... '비밀'에 한걸음 더
https://www.youtube.com/watch?v=dSSIPoUrZBo&feature=share

기본 단위로 이미지의 흐름과 분절, 자막과 그래픽 등이 어떻게 작동하고 있는지 살펴보고자 한다. <부록 3>에서 살펴볼 수 있다시피, 1분 49초 동영상의 주제는 '노벨상' 세포부터 우주탄생까지… '비밀'에 한 걸음 더 이다. 앵커가 등장하는 숏은 앵커가 카메라, 시청자를 향해 있으며, 렌즈의 작동은 1초에서 10초 사이 정지된 상태이다. 앵커는 한 숏 등장 이후 자료화면으로 구성되며, 자료화면은 자막과 그래픽으로 연결되어 있다. 이를 통해 알 수 있는 것은 렌즈의 기능이 축소화되어 있으며, 이는 카메라가 전달하는 메시지보다는 구성된 자료화면으로 정보의 전달에 집중하고 있다는 것이다. 앵커가 정면을 바라보는 장면은 극장형 담론으로 볼 수 있으며, 렌즈가 앵커를 정면으로 보지 않고, 좌측에 둔 것은 우측의 자료화면을 전송하기 위한 것으로 자료화면의 지위가 앵커에 비해 3배 정도의 공간을 차지하고 있음을 알수 있다. 동영상에서 들리는 목소리는 스튜디오 앵커와 화면에 등장하지 않는 여기자의 것 두 가지로 구분되며, 목소리 간의 상호작용은 없다.

<표 1> JTBC News 2017.10.5.22. '1분 48초' 동영상 분석

숏	이미지	시간		카메라의 구조			
		해당 기간	소요 시간	위치	피사체의 내용		
						인원	범위
1		1-22	21초	연출 자석	자료 화면	1	그래픽	바스트샷

2		23-50	27초	자료화면	그래픽	정면
3		51-52	1초	자료사진	자료화면	그래픽	분할화면
4		53-56	3초	자료사진	자료화면	그래픽	분할화면
5		57-1:03	6초	자료화면	그래픽	정면
6		1:04-1:06	2초	자료화면	다수	전경샷
7		1:07-1:08	1초	자료화면	타방송	불투명
8		1:08-1:11	3초	자료화면	타방송	줌인
9		1:12-1:13	1초	자료화면	타방송/실사	드론샷/불투명

10		1:14-1:20	6초	자료화면	그래픽	불투명
11		1:21-1:27	6초	자료화면	타방송	불투명
12		1:28-1:35	7초	자료화면	타방송사	불투명
13		1:36-1:42	8초	자료화면	타방송	불투명
14		1:43-1:48	5초	자료화면	다수	전경샷

② 대화 구조의 사례

가. 예능 프로그램 – JTBC <비정상회담>

<비정상회담>은 기구작동자의 대상인 인간(출연자)들이 소통하는
과정이 다른 유사 프로그램에 비해 뚜렷하게 특정을 드러내고 있
다. 그것은 원형 대화의 구조이다. 대개 유사 프로그램들이 일방향적인
담론 구조를 보여준다면, <비정상회담>의 출연자들을 원형대화의 구조
로 이끌게 된 과정들을 살펴봄으로서 기획에 담긴 코무니콜로기적 요소

도 점검하고자한다.

<비정상회담>은 2014년 7월 7일 종합편성채널 JTBC에서 첫 방송되었으며, <비정상회담>의 '비'는 '비(非)'이며, '비정상(非頂上)회담'으로 해석할 수 있다. 국가 간 정상(頂上)은 아니지만 각국의 사람들이 모여 논의를 하는 것을 드러내고 있다. 박선옥·이윤정은 <비정상회담>이 비정상(非正常)으로 보여 진지하고 심각하지 않은 이야기로 해석할 수도 있다고 하였다. <비정상회담>의 공식 인터넷 사이트에 나타난 기획의도는 '세계 청년들의 평화와 행복한 미래를 위해 각국 청년들이 모여 비정상적이면서도 재기발랄한 세계의 젊은 눈으로 한국 청춘들이 봉착한 문제를 이야기하는 문화대전'이다. 이 프로그램의 포맷은 매주 게스트가 한 명씩 출연하여, 함께 나눌 주제나 소재를 가지고 오며, 함께 토론을 한다.

박선옥·이윤정[64]은 <비정상회담>의 다문화의 수용에 관련해 연구한 것으로, 기존에 외국인들이 출연하는 TV프로그램들[65]에서 특정 인종이나 문화에 정형성을 고착시킨다는 문제점으로부터 <비정상회담>이 다문화 수용성 증진에 기여하는지 살펴보았다. 이를 위해 프로그램의 형식과 내용을 분석하고 있는데, 형식 분석 항목에서는 프로그램 기획의도, 출연진, 구성방식을 두었으며, 내용분석은 토론주제와 실제대화를 다루었다고 밝혔다. 박선옥·이윤정의 글에서 보이는 형식 분석은 TV프로그램의 공식 홈페이지에서 제공하는 것을 서술할 뿐 내용분석이 주를 이루었다.

박선옥·이윤정에 따르면, <비정상회담>은 다양한 국적의 외국인

---

64) 박선옥·이윤정, 「<비정상회담>의 다문화 이해 양상 분석」, 다문화콘텐츠 연구, Vol.19, 2015, 77-112쪽.
65) 다문화 수용에 있어 부정적 이미지의 한계를 극복하지 못한 프로그램으로 Han(2003)의 연구에서 2000년 <박수홍 윤정수의 아시아! 아시아−느낌표>(MBC), 2005년 <러브인 아시아(KBS), <희망릴레이−우리는 한가족>(KBS), <미녀들의 수다>(KBS)가 있다고 밝혔다.

들이 서로의 가치관과 문화를 드러내고 서로의 것을 존중하는 모습을 보인다. 주제에 대한 토론을 진행하면서 서로의 가치관과 문화가 다르다는 것을 확인하는 지점이 문화 간 충돌 및 갈등이 드러나는 요소가 된다고 보았다.

손희정[66] 역시 <비정상회담>이 어떻게 '잇프로그램'이자, 문화적 트랜드의 선봉자가 되었느냐를 분석하고 있는데, <러브인아시아> 나 <이웃집찰스> 등의 공중파 프로그램과 비교하고 있다. 전자의 두 프로그램이 '전통적 민족주의를 담지 한 반면 <비정상회담>은 그것을 과감히 벗어났다고 평하고 있다. 박선옥·이윤정의 글과 손희정의 글에서는 <비정상회담>에 등장하는 출연자들의 텍스트를 주로 분석하고 있는데, 글쓴이는 <비정상회담>이 기타 프로그램들과 비교되는 것은 코무니콜로기적 관점에서 포맷(Format) 구성과 형식에 있다고 여겨진다. 구성과 형식이 내용과 관련이 있으며, 출연자들의 쌍방향 포맷의 성공 사례로 <비정상회담>을 보고자 한다.

박선옥·이윤정은 <비정상회담>이 외국인 출연자에 대해 환상을 갖게 한다던가, 한국인이 갖고 있던 인종과 국적에 순위를 매기거나, 선입견을 만들지 않는다고 이야기하고 있다. 그리고 동등한 입장에서 견해를 이야기하며, '다름'을 자연스럽게 이해할 수 있다고 하였다. 이는 <비정상회담>이 다문화를 이해하고 수용하는데 긍정적인 역할을 했다고 본 것이다.

나. 렌즈·화면·오디오의 구성

이 절에서는 대표적인 사례로 <비정상회담>의 167회 가운데 포털

---

66) 손희정, 「우리 시대의 이방인 재현과 지유주의적 호모내셔널리티: JTBC <비정상회담>을 경유하여」, 문화과학, Vol.81, 2015.

사이트에 무료로 제공되는 동영상의 카메라 시선을 코무니콜로기의 컨셉을 통해 살펴보고자 한다. 이때의 화면은 숏으로 구분해, 카메라가 바라보는 방향으로 이해한다. 또한, 오디오의 편집을 구분하여 동영상을 제작할 때 시각적 구조와 정각적 구조의 차이를 살펴보고자 한다.

영상 콘텐츠 제작 사전에서는 숏(shot)이 화면을 구성하는 한 장면으로, 행동을 개별 숏으로 나누어야 한다고 보았는데[67], 이는 대상을 기준으로 한 것이다. 또한, 숏과 시퀀스(sequence)를 논리적으로 배열할 필요가 있다고 보았다.[68] 이는 동영상의 최소 단위를 숏으로 본 것이며, 그것의 논리적 배열이 필요함을 시사한다.

<표 2> JTBC <비정상회담> 167호, '3분 38초' 동영상 분석

숏	이미지(image)	시간		카메라의 구조		
		해당 기간	소요 시간	위치	피사체의 내용	
					인원	범위
1		1-2	2초	연출자석	3	바스트샷
2		3-4	2초	연출자석	1	클로즈업

---

67) 이영돈, 『영상콘텐츠 제작 사전』, 커뮤니케이션북스, 2014.
68) 숏은 현실의 조각이다. 시청자들이 총체적인 현실을 볼 때 어떤 조각을 어떤 순서로 볼 것인가는 연출자가 결정한다. 그리고 숏은 시청자들이 바라보는 방법을 선택한다. 숏에서 가장 중요한 것은 어디서(앵글, 각도) 어느 부분(전체 중 전체나 일부 선택)을 볼 것인가를 결정하는 것이다.

3		5-6	2초	출연자석		1		바스트샷
4		7-8	2초	MC석		1		바스트샷
5		9-10	2초	출연자석		1		바스트샷
6		11-12	2초	출연자석	MC석	1	1	바스트샷
7		13-14	2초	연출자석		1		클로즈업
8		15-16	2초	출연자석		1		바스트샷
9		16-17	2초	연출자석		3		바스트샷
10		18-19	2초	MC석		3		바스트샷

11		20-22	3초	MC석	자료화면	1	1	바스트샷
12		23-25	3초	MC석		1		바스트샷
13		26-28	3초	연출자석		3		바스트샷
14		29-31	3초	연출자석		1		바스트샷
15		32-33	2초	출연자석		1		바스트샷
16		34-35	2초	연출자석		6		바스트샷
17		36-38	3초	연출자석		1		바스트샷
18		39-40	2초	출연자석		1		바스트샷

19		41-42	2초	MC석	1	바스트샷
20		43-44	2초	연출자석	1	바스트샷
21		45-46	2초	연출자석	6	바스트샷
22		47-48	2초	연출자석	1	클로즈업
23		49-52	4초	MC석	1	바스트샷
24		53-55	3초	연출자석	6	바스트샷
25		56-58	3초	연출자석	1	바스트샷
26		59-1:00	2초	MC석	1	바스트샷

27		1:00-1:02	2초	출연자석	1	바스트샷
28		1:03-1:05	3초	연출자석	1	바스트샷
29		1:06-1:08	3초	출연자석	1	바스트샷
30		1:09-1:10	2초	연출자석	3	바스트샷
31		1:11-1:12	2초	연출자석	1	바스트샷
32		1:12-1:14	3초	연출자석	6	바스트샷
33		1:15	1초	출연자석	1	바스트샷
34		1:16-1:18	3초	연출자석	3	바스트샷

35		1:19-1:20	2초	연출자석	전체	바스트샷
36		1:21-1:22	2초	연출자석	1	바스트샷
37		1:23-1:29	7초	자료화면	분할화면	
38		1:30-1:31	2초	출연자석	1	바스트샷
39		1:32-1:34	3초	출연자석	1	바스트샷
40		1:35-1:38	4초	연출자석	1	바스트샷
41		1:39-1:43	5초	자료화면	이미지	
42		1:44-1:46	3초	연출자석	3	바스트샷

43		1:39-1:46	3초	자료화면	문자이미지	
44		1:47-1:49	5초	연출자석	전체	바스트샷
45		1:50-1:54	2초	MC석	1	바스트샷
46		1:55-1:56	2초	연출자석	1	바스트샷
47		1:57-1:58	3초	MC석	2	바스트샷
48		1:59-2:02	2초	자료화면	문자	
49		2:05-2:07	3초	MC석	1	바스트샷
50		2:08-2:10	3초	출연자석	1	바스트샷
51		2:11-2:12	2초	자료화면	문자	

52		2:13~2:14	2초	MC석	1	바스트샷
53		2:15~2:18	4초	자료화면		문자
54		2:19~2:22	4초	자료화면		문자 그래프
55		2:23~2:25	3초	자료화면		문자
56		2:26~2:29	4초	연출자석	6	바스트샷
57		3:30~3:32	3초	MC석	1	바스트샷
58		3:33~3:34	2초	연출자석	3	바스트샷
59		3:36~3:38	3초	출연자석	1	바스트샷
			3분 38초 영상			

포털 사이트 네이버(naver)에 <비정상회담> 프로그램이 제공하는 167 회 동영상은 14개 클립이다. <비정상회담>의 촬영 포맷은 출연자들이 원형 대화의 구조로 앉아 있다. 카메라가 있는 쪽은 비워져 있다. 이것 때문에 완벽한 원형으로 볼 수 없지만, 카메라의 자리 자체가 시청자 입장에서 자신도 원형 대화의 일부로 볼 수 있는 장치로 해석할 수 있다.

카메라를 시청자로 포함한다면 완전한 원형이다. 167회의 첫 번째 동영상 클립은 2분 38초이다. 다음 글은 숏을 기준으로 장면을 설명한 것이다. 사례를 들기 위해 34초까지 서술하였다. 카메라의 맞은편 정면에 앉은 MC 3인을 바스트샷(bustshot)으로 2초간 비춘다. 이때 MC 3인이 바라보는 시선은 게스트이다. 카메라 속 MC들의 시선은 게스트에게 향한다. 카메라는 2초간 게스트를 바라보는데, 카메라는 게스트의 정면이 아닌 좌측을 클로즈업으로 바라보고 있다. 이때의 카메라 시선은 시청자가 MC의 질문에 게스트의 답을 듣고 있다. 화면은 5초에서 6초까지 출연자 바스트샷이 나타난다.

이는 게스트의 말을 경청하는 장면으로 여러 출연자 중 한 명을 비춘 것으로 오디오의 내용과는 상관없는 장면이다. 7초에서 3초간 게스트의 정면 바스트샷이 나오며, 9초에는 바스트샷이 당겨지며 게스트를 클로즈업하고 있으며, 답변중에 있다. 10초에는 출연자가 정면 바스트샷으로 1초간 나오며, 이 역시 앞서 서술한 경청하며 반응하는 다른 장면이다. 12초에는 출연자가 질문을 하는데 이때 화면은 두 개로 나누어지며, 왼쪽에는 질문자, 오른쪽에는 답변자의 게스트가 각각 정면 바스트샷으로 나온다. 이는 답변자 게스트에 대한 대응이다. 13초에 2초간 게스트를 좌측에서 클로즈업해서 바라보고 있다. 15초에 출연자를 2초간 정면 바스트샷으로 바라본다. 이는 질문에 대한 대응으로 볼 수 있다. 17초에 1초간 MC 3인을 정면 바스트샷으로 바라본다.

출연자의 질문을 확장하는 것으로 볼 수 있다. 19초에 게스트의 정면 바스트샷을 바라보고, 20초에 2분간 게스트가 답변한 인물을 화면에 나누어 왼쪽에 게스트, 오른쪽에 답변한 인물이 나온다. 23초부터 3초간 답변한 인물의 헤어스타일을 게스트의 머리에 그래픽으로 씌워 보여준다. 26초에는 2초간 MC 3인을 바스트샷으로 바라본다. 29초에 3초간 MC 중 한명을 정면 바스트샷으로 보여주고, 32초에 출연자를 2초간 정면 바스트샷으로 보여준다. 이때 MC의 시선은 게스트와 게스트 쪽 출연자를 향해 있고, 화면에 나온 출연자의 시선은 화자인 MC에게 있다. 34초 MC 3인과 MC가 바라봤던 쪽의 출연자 3명의 좌측 측면을 바라본다. 이때 유세윤은 정면을, 다른 MC는 양쪽에서 유세윤을 출연자 3명은 MC 쪽을 바라보고 있다. 샷들을 분석하기 위해 샷들이 소요하는 시간과 카메라의 방향을 기준으로 하였다.

장면은 카메라의 렌즈가 바라보는 구조 3가지로 바뀐다. 첫째는 카메라가 작동하는 공간에서의 카메라의 위치이다. 둘째는 카메라 렌즈가 바라보는 방향이고, 셋째는 카메라에 담긴 피사체가 어느 방향을 바라보느냐이다. 이는 다음의 표로 정리할 수 있다.

<표 3> 카메라의 분석 기준

카메라 외부	카메라 자체	카메라 내부
연출 공간에서 카메라의 위치	카메라 렌즈의 방향	렌즈 안에 담긴 피사체가 보는 방향

숏을 기준으로 분류하자 3분 38초 동안 59개의 숏들이 등장한다. 이러한 분절에도 자연스럽게 연결되는 것은 오디오가 연결되어 있기 때문이며, 장면과 장면 사이의 블랙박스는 많은 숏들을 처리하는 가운데 동영상을 받아들이는 사람은 인지하지 못하게 된다. 또한, 숏들을 분류해 보았을 때 이 영상에서 카메라의 위치는 연출자석, 출연자석, MC석으로 볼 수 있다. 카메라가 출연자를 비추는 앵글은 게스트 출연자를 클로즈업하는 경우는 있으나, 그 외를 제외하면 바스트샷으로 찍으며, 1명을 찍는 경우가 많았다. MC를 비추는 경우 3명을 한꺼번에 비추고, MC가 게스트를 바라보며 찍는 장면에서는 MC들이 바라보는 쪽의 출연자 3명을 장면에 넣는 경우가 있었다. 이렇듯 숏들을 분석하면, 어떻게 제작되는지 쉽게 구분할 수 있으며, 이러한 분석은 오디오에도 적용된다. 오디오와 숏들의 관계를 분석하면 제작의 구체적이고 실질적인 면들을 알 수있을 뿐만 아니라, 카메라와 녹음기가 가지고 있는 숨겨진 명령법적 의도들을 파악할 수 있다. <비정상회담>이 만들어진 과정을 코무니케메로 본다면, 카메라의 시선은 직설법과 원망법이지만, 프로그램의 의도는 이 프로그램을 계속해서 시청하라는 명령법으로 볼 수 있다.

[그림 19] TV 프로그램 <미녀들의 수다>의 장면

[그림 20] TV 프로그램 <비정상회담>의 장면

    <비정상회담>이 기존의 <미녀들의 수다>가 가지고 있었던 외국인에 대한 환상과 선입견을 심어줄 수 있는 프로그램과 차별화되는 점은 포맷이며, 그 가운데서도 대화와 담론구조의 차이가 분명하게 드러난다. <미녀들의 수다>와 <비정상회담>의 출연자들의 소통구조를 보면, <미녀들의 수다>의 경우, 모두 카메라를 향해 한 방향을 바라보고 있지만, <비정상회담>은 서로를 바라보는 원형대학의 구조를 보여 주고 있다.

    이기영[69]은 외국인들이 <비정상회담>에서 보이는 토론을 토대로 한 외국인의 외국어 습득을 위한 토론 모형을 연구하고 있다. 이를 위해 담화 양상을 분석하고 있는데, 언어로서의 토론능력을 살펴보고 있으며, 말을 하는 사람의 국적에 따라 분류하고, 어절수를 세어 분석하였다. 가장 많이 쓰는 표현, 토론에서 나타나는 호응 반문 등의 말투를 세어 분석하였다. 이때 토론자들이 진행자의 말을 되풀이하여 다시 말하는 빈도수가 높다는 것을 알아내었다. 또한 토론을 이끄는 표현과 논쟁에 대응하는 표현으로

---

69) 이기영, 「비정상회담'의 한국어 토론 담화 양상 연구」, 화법연구, Vol.36, 2017, 120쪽.

나누었다.

이 책은 <비정상회담>에서 쓰인 토론의 내용을 토대로 언어의 표지를 분석한 것으로 토론 모델을 구상하는 기초 연구라 할 수 있다. 이기영은 기존의 교재에서는 격식체가 주로 나오지만 <비정상회담>에서는 비격식제로 토론을 한다는 점에서 토론 수업에 활용해야 한다고 보았다. 글쓴이의 연구와 다른 점은 토론과 담화를 분석하면서 표현을 정량적으로 분석하고 있다는 점이다. 이 연구에서 시사할 점은 표현을 정량화하여 모델화하고 있다는 점이며 <비정상회담>이 가지는 학문적 가치를 반증하기도 한다. 글쓴이는 언어 역시 소통의 도구 중 하나로 볼 수 있으며 언어의 내용을 구성하는 구조와 형식을 살펴보고자 한다.

3. 특성과 한계

영상 제작에 기본 단위가 숏이라면, 그것을 바탕하는 것은 입출력이 가능한 기술적 형상이기 때문이며, 이를 만드는 가장 근본 요소는 과학 기술이다. 카메라의 렌즈는 인간의 시각을 닮았지만, 인간의 시각과 다르다는 것은 그것이 모듈로 이루어져 정확한 연산과 명령에 의해 실행을 하고 있다는 것이다.

기획·제작의 과정에서 보이는 소통구조와 분자들은 대부분 명령법과직설법, 극장형 담론의 연출방식, 일방향적인 소통구조가 많이 쓰이고 있다. 예를 들어, 텔레비전 프로그램 안에는 기술적 형상의 관계 맺는 자로서 감독이 배우를 연출한다. 이때 배우는 인간이지만 감독과 연출진의 연출 목표 및 의도대로 움직여야 하므로, 인간과 인간의 소통 관계가 아닌 인간과 세계의 관계로 볼 수 있다. 이때 카메라의 구조나 어플리케이션의 인터페이스 구조 등은 인간이 기술적 형상을 통해 세계를 대상화하는 방식으로 해석할 수 있다. 앞의 장에서 서술했듯이 기술적 형상의 본질적 특징은 자율적 전체주의를 내포하고 있으며, 이 속성은 콘텐츠를 기획하고 제작하는 것에서 사라지지 않는다.

영상을 숏으로 분석하는 것은 영상의 기본 단위를 숏으로 분류한 것이다. 오디오를 기본 단위로 분석할 수도 있으며, 오디오와 숏의 경계들을 고민하는 것 역시 영상을 분석하는 방법이 될 수 있다. 대화구조의 사례로 JTBC의 <비정상회담>의 167회 가운데 네이버에 공개된 3분 38초 영상을 대상으로 숏을 기준으로 분류하였다. 숏들에서 보이는 정보들은 카메라의 위치를 헤아릴 수 있었고, 카메라의 움직임, 움직임의 횟수, 방향을 알 수 있었다. 또한, 카메라 안의 피사체의 내용으로 움직임과 방향 등을 살펴 볼 수 있었다. 특히 <비정상회담>은 기타 비슷한 프로그램의 포맷과 달리 피사체들은 출연자들이 원형 대화의 구조로 되어 있다. 기존의 다문화 프로그램에서 극장형 담론 구조를 가지고 있는 것과 비교할 수 있다. 박선옥·이윤정은 <비정상회담>이 다문화의 수용성 증진에 기여하였다고 평가하였는데, 이는 포맷의 차이가 내용의 차이에 영향을 준 것으로 볼 수 있다. 포맷은 기획에서 비롯되는데, 이에 대한 정보는 공개되지 않은 것이 한계이며, 이론상 회의와 조사를 소통 구조로 분석하였다. 이는 영상을 기획하는데 기본 구성 요소로, 기획회의가 원형대화로서 얼마나 열려있느냐에 따라 참신한 포맷으로 이어질 수 있다는 것을 알 수 있다.

<비정상회담>의 숏을 분석함으로서 제작의 과정을 유추해보는 것은 짐작보다 촬영된 화면들이 단순하다는 것이다. 준비된 시나리오에 맞추어, 출연자들의 연기 및 소통 능력은 연출의 의도를 강조하

는 것이며, 카메라는 대부분 정지된 상태이고, 구조상 연출자석, 출연자석, MC석으로 카메라의 위치를 정리해 볼 수 있다. 하지만 화면에서 확인할 수 있다시피 출연자석은 대부분의 출연자 앞에 카메라가 앞에 놓여 있는 것으로 본다면, 이 프로그램을 제작하기 위해 필요한 카메라 개수는 10개 이상일 것으로 예상된다. 카메라의 방향 역시 정지된 상태이고, 움직임은 3분 38초 간 59건의 숏 안에서 2건의 줌인만 있을 뿐이었다. 하지만, 숏이 59개라는 것은 촬영은 비교적 간단하지만, 편집은 많은 노동력을 필요로 한다는 것을 짐작할 수 있다. 예를 들어 3시간 촬영을 하고, 카메라가 10대라면, 그것을 확인하는데 30시간이 걸린다. 기획만큼 편집이 중요하다는 것을 알 수 있으며, 방송프로그램 제작과정을 살펴본 결과, 그 과정은 기획과 촬영으로 크게 분류되는 것보다, 기획과 촬영편집으로 보아야하며, 편집의 구조주의적 접근과 심화는 미디어 리터러시의 새로운 방법이 될 수 있다. 피사체의 움직임과 시나리오를 내러티브로 보고 이루어지는 분석은 많이 이루어져 왔다. 이 글에서는 3분 38초의 동영상을 분석했을 뿐이지만, 전체 영상의 숏들로 분석했을 경우, 출연자 횟수, 프로그램 구성과 원고의 관계, 원고와 관계없는 이미지의 횟수, 카메라 방향과 원고의 관계 등을 데이터화할 수 있으며, 이를 통해의 미분석과는 다른 내용들을 생성해 낼 것이다.

영상의 프레임에서 연속되는 장면의 가장 작은 단위를 '숏'으로 보았으며, 숏의 소요시간, 숏을 촬영하기 위해 카메라의 위치와 렌즈의 방향과 범위를 기준으로 하여 분석하였다. 이를 위해서 '촬영'과 '편집'에 쓰인 카메라의 위치와 방향, 피사체, 영상의 기본 단위인 숏의 소요시간과 개수, 오디오 등을 고려하여, 콘텐츠 제작 및 편집자의 의도를 파악하고자 하였다. 이와 같은 분석의 의의는 뉴미디어의 촬영과 편집의 데이터를 생성할 수 있다는 것이다. 이는 뉴미디어의 기획 및 제작의도를 보다 보편적이고, 치밀하게 분석이 가능해지고, 숏이 데이터화되면서, 인공지능이 수집할 데이터로 기능할 수 있다. 이는 인공지능이 촬영 및 편집까지 가능할 수 있다는 기초 가설이 된다. 콘텐츠 리터러시 분석 및 교육에 있어 내용 중심이 아닌 제작과정을 중심으로 한 방법을 제공할 수 있으며, 이후 이 방법을 토대로 한 영상데이터들이 생성되면, 인공지능이 촬영 및 편집을 할 때, 빅데이터로 기능할 것이라 기대한다.

3-1. 소통으로 본 감각

기존의 문화콘텐츠 분류는 영화, 애니메이션, 게임, 테마파크 등 플랫폼이 등장할 때마다 추가되었다. 이는 일관된 기준을 통해 콘텐츠를 유형화한 것으로 볼 수 없다. 콘텐츠를 유형화하고, 새로운 콘텐츠 혹은 플랫폼이 등장했을 때, 좌표를 정해 줄 수 있는 기준이 필요하다. 분류 기준을 발견하는 과정은 인간이 소통하는 과정에서 작용하는 경계와 방향의 관계 맺음이었다. 이 장에서는 유형화의 기준을 경계의 입·출력으로 보고, 콘텐츠 분류를 적용해보고자 한다.

인간이 소통도구인 매체를 이용해 소통을 할 때, 그 과정을 헤아려 보면, 신체를 기반으로 한 감각과 신경 및 처리능력을 통해 이루어진다. 대표적으로 시각과 청각은 소통의 생산물인 정보가 인간에게 들어오는 과정을 마무리하는 경계에 있고, 손가락과 같은 피부감각, 기계감각은 인간이 정보를 내보내는 과정의 경계에 있다. 제일 처음 자극을 받는 혹은 마지막으로 방향을 작동하는 감각기관이 정보 송신과 수신의 경계로 볼 수 있다.

경계가 없는 존재들은 소통의 목적을 상실한다. 플루서가 정리한 소통의 구조 역시 경계와 방향의 구성으로 볼 수 있다. 대화는 정보의 생산을 위한 쌍방향으로, 담론은 정보의 저장을 위한 일방향으로 볼 수 있다. 망형대화와 원형대화의 구별은 경계에 있다. 담론의 네 가지 구조들도 마찬가지이다.

관계 맺는 자의 세 가지 차원 역시 관계 맺음의 경계를 고민하고, 콘텐츠의 작동 과정을 체계화해보고자 한 것이다. 이 글에서는 인간의 소통 도구들을 감각의 입·출력을 기준으로 분류하고자 한다. 이 분류 기준은 수신과 송신의 행위로 분류했을 때 전통적으로 정보를 수신하는 입력기관으로 귀, 눈, 코 등이며, 정보를 송신하는 출력기관으로 목소리, 움직임으로 나눌 수 있다. 하지만 기술의 발전으로 동공의 움직임이 구글 글라스와 같은 웨어러블 디바이스 등의 출력기관이 되는 사례를 본다면, 오감 전체를 입력기관, 출력기관으로 열어 놓아야 한다.

감각(sensation)이란 신경세포를 활성화하거나 자극하여 신경 처리를 하는 에너지로, 물리적인 일을 할 수 있는 능력이다. '물리적(physical)'이란 크기, 에너지, 공간과 시간 등과 같이 어떤 용어로 측정 가능한 모든 것이다. 책을 읽을 수 있는 것은 눈의 신경세포들이 빛의 파동에 의해 자극을 받아 뇌 안에 감각 처리 과정을 작동시키기 때문이다.[70] 소리, 접촉, 냄새, 근육의 활동과 중력의 당김 등은 감각을 발생시키는 다른 에너지들이다.

사람의 경계인 감각기관 가운데 자극을 처음으로 입력받는 곳은 감각수용체(receptor)이며, 말초신경에 속한다. 수용체에는 상피세포가 특수하게 변형된 것과 신경세포 자체가 수용체인 경우가 있다. 상피(上皮, epithelium)세포란 피부세포와 같이 신체의 표면에 있는 세포를 말한

---

70) 최현석, 『인간의 모든 감각』, 서해문집, 2009, 13쪽.

다. 시각, 미각, 청각 등의 수용체는 특수하게 변형된 상피세포이고, 후각 수용체는 신경세포 자체이다. 수용체의 기본적인 기능은 같다. 소리, 빛, 압력 등과 같은 자극을 전기에너지로 바꾸는 것이다.[71]

일반적으로 감각하면 시각, 청각, 미각, 후각, 촉각 등을 말한다. 이 외에 평형감각과 내장감각이 있다. 감각은 세 가지로 분류할 수 있으며, 오감은 그 중 하나이다.[72]

평형감각은 우리 몸의 균형을 잡아 주는 기능을 하는데, 하나는 신체가 공간에서 어디에 위치해 있고, 어떻게 움직이는지 알려주는 감각이다. 이는 고유감각이다. 두 번째 평형감각은 전정감각이며, 귀 안쪽에 있는 전정기관이 담당한다. 이 기관은 특히 머리의 움직임을 정확히 지각한다.[73]

세 가지 중 마지막 하나는 심혈관계와 소화기관에 존재하는 내장감각이다. 이것은 자동적으로 이루어져 의식하지 못한다. 감각은 좁게는 오감을 뜻하고, 평형감각을 포함한 여섯 감각, 모든 감각을 포함할 때는 내장감각까지 포함한다.[74] 이 글에서는 감각기관 가운데, 눈, 코, 귀, 입, 피부를 경계로 보았으며, 다른 콘텐츠를 보완할 수 있는 가능성으로 평형감각과 내장감각을 두었다.

---

71) 최현석, 앞의 책, 14쪽.
72) 최현석, 앞의 책, 24쪽.
73) 최현석, 앞의 책, 24쪽.
74) 최현석, 앞의 책, 25쪽.

3-2. 소통의 경계와 방향

1. 소통의경계
:감각기관

(1) 오감

① 시각과 공간지각

눈안쪽에 있는 망막은 신경계가 직접적으로 연속된 구조이다. 감각기관은 대부분 피부의 일부가 변형-발달되어 뇌와 연결되어 있지만 눈은 뇌의 일부가 피부로 뻗어 나와 있다.[75] 최현석은 시각이 다른 감각기관과 다른 특징은 시각은 그 자체로서 눈의 감각 경험을 말로 표현할 수 있다고 하였다. 시각을 통해 코나 귀에 대해 말할 수 있지만, 후각이나 청각을 바탕으로 눈에 대해 말하는 것은 어렵다.

우리 망막에는 위아래가 뒤집힌 이차원적 이미지가 맺히지만 뇌는 세상을 파노라마처럼 펼쳐진 삼차원으로 느낀다. 공간지각능력에 필수적인 요소는 거리를 느끼는 감각이다. 거리에 대한 정보는 움직임에 대한 정보를 처리하는 중간관자운동영역에서 처리되는 것으로 보인다. 이 영역의 많은 세포가 양쪽 눈에서 들어오는 정보의 차이에 민감하게 반응한다.[76]

시각은 인간의 정보를 받아들이는 입력기관으로 볼 수 있으며, 청각, 후각 역시 마찬가지이다. 그림이나 문자가 시각을 많이 이용한다는 것은 다른 감각기관이 입력기관으로 주로 작동되었던 시대에 인간이 어떤 세계관과 인간관을 많이 가지게 되었는지는 인간의 감각기관과 인간의 사유방식의 관계를 짐작하게 한다. 이렇듯 소통의 구조화는 인간의 소통 기관으로서의 감각기관이 소통 도구의 어떤 특성들과 연결되는지 유추할 수

---

75) 최현석, 앞의 책, 128쪽.
76) 최현석, 앞의 책, 161쪽.

있는 근거를 마련해 준다.

② 청각

소리란 공기의 파동을 통해 사람의 고막에 전달된 물체의 진동을 말하며, 소리를 만드는 파동을 음파라고 한다. 음파의 모양, 속도, 폭, 길이 등에 의해 음의 성질이 결정된다.[77]

귀에서 포착한 소리 정보는 뇌에 전달하는 과정에서 물리학적인 음파의 속성은 서서히 의미를 가진 정보로 바뀐다. 이 과정에서 감정을 담당하는 변연계(가장자리계통, limbic system)에도 정보가 전달되어 모든 소리는 의식적이든 무의식적이든 감정을 유발한다. 또 소리 정보 전달 과정은 기억중추에도 연결되어 있어서 현재 들리는 모든 소리는 기억된 소리와 비교된다.[78]

청각으로 받아들여지는 정보는 시간을 전제로 한다. 시각의 정보들이 상징을 통해 순간적으로 받아들일 수 있는 반면, 청각 정보들은 순간에 받아들여질 수 없다. 하지만, 시각이 많은 시야의 한계를 가진 반면, 청각은 많은 시각의 시야보다 더 많은 장면의 정보를 받을 수 있다.

③ 후각

냄새를 맡는 후각신경은 코 안쪽에 있으며, 후각수용체는 코 안쪽 맨 위쪽에 엄지손톱 크기만큼 분포해 있다. 냄새가 후각수용체에 닿으면 전기적 신호가 만들어진다. 이 신호는 후각신경을 통해 뇌로 올라간다. 후각 신호를 받는 대뇌피질은 후각피질(후각겉질), 눈확이마피질(안와전두피

---

77) 최현석, 앞의 책, 176쪽.
78) 최현석, 앞의 책, 174~175쪽.

질, orbitofrontal cortex)과 편도체다. 편도체는 정서 반응에 관여하고, 눈확이마피질에서는 미각, 시각, 촉각 등의 감각이 종합된다.

사람의 후각수용체는 350개가 있다. 하나의 수용체가 하나의 냄새를 담당하는 것이 아니라, 하나의 물질에 수용체 몇 개가 동시에 반응하여 활성화된 수용체의 조합에 따라 뇌가 느끼는 냄새가 결정된다. 수용체 350개가 조합될 수 있는 가지 수는 거의 무한정이기 때문에 사람은 냄새를 만 가지 이상 구분할 수 있다.[79)]

오감 중 후각을 기술적 형상화 한 것이 활성화된 플랫폼은 드러나지 않고 있다. 특히 후각의 정보가 출력되는 구조가 활성화된 사례를 발견하는 것은 힘들다.[80)] 후각의 정보 입력의 특징은 청각에 비해 처리 속도가 짧고, 시각에 비해 강렬하다는 것이다. 후각의 기술적 형상은 순간적으로 가상현실에 몰입하는데 도움을 줄 수 있다. 후각수용체에 대한 프로그래밍이 후각플랫폼의 완성도를 높이는 기획이 될 수 있다.

④ 미각

후각과 미각은 둘 다 화학물질에 대한 감각이다. 둘 사이의 차이는 후각이 기체로 된 화학물질을 감지한다면 미각은 고체나 액체 형태로 된 분자를 감지한다는 것이다.[81)] 음식의 화학물질이 미각세포에 닿으면 세포에서는 전기 신호가 만들어진다. 수소이온과 나트륨이온이 세포막을 자극

---

79) 최현석, 앞의 책, 247~248쪽.
80) Machine olfaction의 경우가 있지만, 이 글에서는 인간의 소통에서 활성화된 기술적 형상으로 한정하여 보고자 한다. (Machine olfaction is the automated simulation of the sense of smell. It is an emerging application of modern engineering where robots or other automated systems are needed to measure the existence of a particular chemical concentration in air. https://en.wikipedia.org/wiki/Machine_olfaction, (접속일 2017.12.1.).
81) 최현석, 앞의 책, 256쪽.

하면 각각 신맛과 짠맛을 느낀다. 반면에 단맛, 쓴맛 등은 그 맛을 가진 화학물질이 단백질 성분의 수용체와 결합하여 느껴진다. 혀에서 형성된 전기 신호는 7번과 9번 뇌신경을 따라 뇌줄기의 고립로핵 (solitary nucleus)에 이르고, 이는 다시 시상을 거쳐 뇌섬엽과 이마덮개피질로 전달된다. 일부는 눈확이마피질으로도 전달되어 후각 신호와 만난다.82) 미각은 기술적 형상으로 드러나지 않은 경계로 볼 수 있으나, 내장감각까지 프로그래밍이 가능하다면, 미각을 대상으로 하는 기술적 형상이 만들어 질 수 있다.

⑤ 피부감각

피부에서 느끼는감각을 흔히 촉감이라 하는데, 촉감은 피부에서 느끼는 감각 중의 하나일 뿐이다. 피부감각은 기능을 기준으로기계감각, 통증감각, 온도감각 등 세 종류로 나뉜다. 기계 감각이란 접촉, 진동, 압력 등과 같은 물리적 힘과 관련된 감각이다. 촉감은 기계감각에 속한다. 기계감각을 담당하는 수용체는 신경 말단에 피막을 가진 특수 구조로 이루어져 있고, 통증이나 온도감각을 담당하는 수용체는 그냥 신경 끝이 가늘게 갈라진 구조로 되어 있다. 피부는 두 층으로 이루어져, 바깥층을 표피 (epidermis)라고 하고 표피 아래를 진피(dermis)라고 한다. 표피의 두께는 종이 한 장 정도이고 진피는 그것의 열 배 정도인데, 피부감각 수용체는 표피와 진피에 두루 걸쳐 존재한다.83) 기계 감각 외에 피부감각은 체온으로 인간의 정보를 출력할 수 있다.

---

82) 최현석, 앞의 책, 260쪽.
83) 최현석, 앞의 책, 268쪽.

ⓐ 기계 감각 – 손

손은 촉각 기능과 붙잡는 기능을 하는, 팔의 맨 끝부분이다. 엄지손가락은 다른 손가락들과 마주하고 있다.[84] 손가락의 주요한 기능은 손의 섬세한 운동이다. 문자와 관련된 손의 움직임은 쓰기, 컴퓨터와 관련된 손의 움직임은 키보드 쓰기, 스마트폰과 관련된 손의 움직임은 터치 및 키보드 터치이다. 그 외에 손의 움직임과 관련된 것은 인간의 정보를 출력하는 것으로 볼 수 있다.

ⓑ 기계 감각 – 다리

스마트폰은 다리가 움직이는 정보를 출력할 수 있게 한다. 휴대가 가능한 스마트폰은 GPS 등의 정보를 알려주고, 이 정보를 토대로 상호작용할 수 있다. 또한 4D영화, 가상현실 테마파크 등에서는 다리뿐만 아니라 몸 전체의 촉감이 정보를 입력받을 수 있다.

(2) 평형감각

평형은 속귀의 전정신경에서 담당한다. 하지만 평형감각은 전정신경에서 전담하는 것은 아니고 다른 감각의 보조를 받는데, 필수적인 보조 감각은 고유 감각이고, 필수적이지 않은 보조 감각은 시각이다. 평형감각기관이라고 하면 좁은 의미에서는 전정감각을 의미하고, 넓게는 고유감각과 시각까지 포함한다.[85]

---

84) 「인간」, 『브리태니커 비주얼 사전』, 네이버지식백과.
   http://terms.naver.com/entry.nhn?docId=1692772&cid=49045&categoryId=49045,
   (접속일:2017.11.21.).
85) 최현석, 앞의 책, 218~219쪽.

두 발로 걸을 때 몸의 균형을 유지하는 것은 평형감각 때문에 가능하다. 고유감각은 눈을 감고서도 팔 다리의 위치를 알 수 있는 것이다. 고유감각 수용체는 근육과 관절에 존재한다.[86] 어지럼증은 평형감각의 통합인 전정신경, 고유감각, 시각신경의 충돌로 인한 것이다. VR기기의 기술적 문제점으로 지적되는 것이 어지럼증이다.[87] 이는 시각의 완성도에만 몰두하고 있기 때문이다. 시각 콘텐츠의 완성도가 높을수록, 평형감각의 통합이 감지하는 현실과 왜곡되는 가능성만 커지는 것이다. 평형감각의 통합은 인간이 공간 안에서 안정감을 가질 수 있도록 해준다. 현실 공간이 아닌 가상현실 공간에서 평형감각의 통합을 프로그래밍으로 제어할 수 있다면, VR기기의 문제점들은 크게 보완될 수 있을 것이다.

(3) 내장감각

영화 Her[88]에는 구두 언어를 통해 'OS'로 불리는 인공지능 프로그래밍과 사랑을 하는 인간이 등장한다. 영화에서는 인공지능 OS와 인간의 교감을 구두 언어를 통해 재현한다. 이때 인공지능과 인간의 소통은 구두 언어를 통한 것으로 등장하지만, 실제로 내장감각이 컴퓨터 프로그래밍으로 재현된다면, 인간과 인공지능 로봇과의 육체적인 관계도 가능할 수 있다. 영화 로봇[89]의 경우 인공지능 로봇이 인간의 역사와 인문학을 배우

---

86) 최현석, 앞의 책, 224쪽.
87) IT칼럼, 가상현실 산업의 발전을 위한 과제, 아시아 경제, 2017.11.21., http://www.asiae.co.kr/news/view.htm?idxno=2017112011015495260, (접속일 :2017.12.1.).
88) 스파이크 존즈 감독, 『그녀(HER, 2013)』, 미국, 2014.05.22. 개봉.
89) S.샹카르 감독, 『로봇 (The Robot, 2010)』, 인도, 2012. 04.19. 개봉.

게 되면서 인간에게 사랑을 느끼는 장면이 나온다. 하지만 인간의 공감 능력은 생물학적인 차원의 거울 뉴런과 관련이 있다.[90] 인공지능 로봇이 인간의 공감 능력을 가지기 위해서는 내장감각 그리고 신경, 뉴런을 프로그래밍의 대상으로 보아야 할 것이다.

이러한 가설들은 컴퓨터 프로그래밍으로 이루어진 기술적 형상과 인간의 소통이 인간과 인간의 소통과 흡사해지고 있는 현상을 바탕으로 한 것이며, 감각의 문제를 VR기기와 인공지능 로봇의 한계를 대입해 본 것이다. 감각과 같이 인문학이 아닌 분야에 대한 인문학적 고찰은 인문학자나 생물학자 혹은 컴퓨터 전문가는 접근하지 못하는 문제해결 방안에 접근할 수 있다.

2. 소통의 형식: 방향

수신자와 송신자 사이의 정보의 흐름은 두 가지로 볼 수 있다. 인간이 정보를 받아들이는 것은 입력, 인간이 정보를 보내는 것은 출력이다. 이때 기술적 형상은 입력과 출력의 대상이 되기도 하고, 도구가 되기도 한다. 이 글에서의 방향은 인간을 기준으로 한 소통에서 기술적 형상이 도구가 되거나, 대상이 되는 것을 전제로 한다. 예를 들어, 다리의 출력은 다리의 움직임이 정보화되어 매체가 그 정보를 받아들이고, 처리하는 것으로 본다.

---

90) 제레미 리프킨, 『공감의 시대』, 이경남 역, 민음사, 2010.

3-3. 감각의 입·출력을 통해 본 소통 도구

피부감각, 기계감각을 정보의 출력이 완성되는 경계로 보고, 시각과 청각 등은 정보의 입력이 완성되는 경계로 보았을 때, 감각은 경계가 되고, 정보의 오고 가는 것은 방향으로 볼 수 있다고 하였다.

벽화, 그림, 책, 사진은 시각으로 수신이 되는 공통점이 있고, 라디오는 청각을 통해 수신된다. 텔레비전은 인간의 시각, 청각을 통해 정보를 받아들이며, 컴퓨터는 시각, 청각으로 정보를 받아들이고, 손가락의 움직임으로 정보를 내보낸다. 모바일은 시각, 청각으로 정보를 받아들이고, 손가락을 움직여 정보를 내보낼 수 있을 뿐만 아니라, 다리를 움직여 이동하는 것 역시 기술적 형상에 GPS 정보를 보내는 것으로 이해할 수 있다.

아직 활성화되지 않은 가상현실·인공지능 등의 디바이스 프리 (Device-Free) 등을 막연하게 이해해 왔다면, 경계와 방향에서 출발한 감각의 입출력은 각 플랫폼들의 체계적으로 고찰할 수 있는 기준이 되며, 재구성을 통해 향후 콘텐츠 기획 및 전망을 가능하게 한다. 이를 표로 정리하면 다음과 같다.

<표 4> 감각의 입·출력으로 본 소통 도구 1

구분		인간의 감각기관										
방향		(입력-들어오다)					(출력-나가다)					
인간의 소통 도구		눈	귀	코	피부		혀	눈	귀	코	피부		입
					손	다리					손	다리	

그림	벽화	○								○		
	그림	○								○		
문자	문자	○								○		
	숫자	○								○		
인쇄물	신문	○										
	책	○										
기술적형상	사진	○										
	카메라	○										
	라디오		○									
	영화	○	○									
	TV	○	○									
	4D 영화	○	○	○	○	○						

　소통 도구로서 그림과 문자는 대중매체로 볼 수 없으므로, 눈을 경계로 정보를 받아들이고, 손을 경계로 정보를 내보낸다고 할 수 있다. 그림과 문자는 손이라는 기계 감각을 통해 정보의 출력이 완성되기 때문이다. 그

에 반해 문자를 책이나 신문 등으로 형상화한 것은 인쇄물로 볼 수 있으며, 이때부터 소통의 출력은 입력에 비해 한계가 생긴다. 인쇄물을 접하는 인간은 순간적으로 혹은 빠르게 매체에 정보를 출력할 수 없다.

사진이 인류사에 최초로 등장한 모습 역시 인쇄물과 마찬가지로 인간은 정보를 입력받으며, 정보를 출력할 수 없었다. 라디오 역시 청각으로 정보를 입력받는 도구이며, 정보를 출력할 수 없는 소통도구이다. 이는 인류사에 기술적 형상이 등장하기 시작했을 때, 플루서가 지적했던 기만 문제가 심각할 수 있었다는 것을 짐작하게 한다. 만약 오류가 있는 정보들조차 담론형 구조로 받아들일 수밖에 없었을 것이다. 컴퓨터가 등장하면서, 기술적 형상의 소통 구조는 변화된다. 이는 다음의 표를 통해 분명하게 드러나는데, 컴퓨터의 키보드를 통해 정보를 출력할 수 있는 기술적 형상 도구가 나타나면서, 쌍방향 구조가 드러난다.

<표 5> 감각의 입·출력으로 본 소통 도구 2

구분			인간의 감각기관											
방향			(입력-들어오다)						(출력-나가다)					
인간의 소통 도구	기술적 형상		눈	귀	코	피부 손	피부 다리	혀	눈	귀	코	피부 손	피부 다리	입
인간의 소통 도구	기술적 형상	컴퓨터	○	○								○		○
		모바일	○	○							○	○		○
		음성		○										○

	인식디바이스											
아마존고	○	○	○	○	○					○	○	
웨어러블디바이스	○	○	○	○	○		○		○	○	○	○
드론카메라	○	○								○	공간	
포켓몬고	○	○								○	○	
VR게임	○	○					○			○	○	○
VR테마파크	○	○	○	○	○		○			○	○	○
스마트카	○	○		○	○		○			○	○	○

이 표들을 부연 설명하면 다음과 같다. 인간의 상징은 그림, 문자, 숫자 등으로 볼 수 있는데, 이들은 평면에 손이라는 피부감각, 기계감각의 경계에 의해 정보가 출력되는 공통점이 있다. 그림은 형상을 평면에 표현한 것이며, 문자는 구두 언어를 평면에 표현한 것이다. 문자가 문화권에 따라 통역이 필요한 것과 달리, 숫자는 문자와 통역이 필요 없다.

기술적 형상을 이루는 기본 단위로서 숫자의 이러한 특징은 인터넷과 기술적 형상이 지구촌의 소통 도구로서 기능을 하였고, 앞으로 그렇게 성장해 나갈 것이라는 점을 이해하게 해준다. 인터넷에 접속할 수 있다면, 국적을 따지지 않고, 사용할 수 있다는 현상이 그것이다. 신문, 책, 사진, 카메라의 경우 산업혁명의 근대 이후에 등장한 소통 도구로 볼 수 있다. 신문이나 책은 그림, 숫자, 문자 등을 종이에 인쇄한 것으로, 대중매체로 볼 수 있다. 이때 일상의 대중들은 이 정보들을 시각을 통해 입력받았다.

사진과 카메라는 그림을 대신한 기술적 형상으로 볼 수 있다. 이 역시 시각으로 정보를 받아들이는 소통 도구이다. 이는 대중매체가 등장하기 전까지 인간의 소통 도구들은 일방적으로 정보를 받아들이는 것에 익숙하지 않았다는 것을 알 수 있으며, 근대 이후 인쇄술과 기술의 발달은 인간의 감각 가운데 시각을 통해 정보를 받아들이는 것에 익숙해지고, 학교를 통해 그것은 더욱 확고해져갔음을 알 수 있다. 이는 책과 도서관, 학교의 체계를 통해 더욱 두드러졌고, 문자와 책을 통한 이성의 활성화와 강조는 더욱 분명해졌다고 할 수 있다. 근대의 발전이 인쇄술에 있었던 것은 지식이라는 보편적인 정보를 인간이 빠르게 받아들일 수 있었던 점이며, 이는 시각의 입력만이 가능했던 소통 구조로 인해 지식과 체계가 담론의 구조로 빠르게 전달될 수 있었던 것으로 보인다.

라디오는 청각을 통해 정보를 받아들이는 것으로 볼 수 있으며, 이 역시 산업혁명 이후 근대에서 최근까지 정보를 받아들이는 것에 익숙한 인간의 근대사를 드러낸다. 최근까지 인간은 가능한 많은 정보를 습득하고, 처리하는 것이 미덕이며, 엘리트였다고 할 수 있다. 영화와 텔레비전의 경우, 시각과 청각이 동시에 작동하며 정보를 받아들이는 소통 도구로 볼 수 있다. 카메라에서 리코더의 기능이 합해진, 캠코더 기술의 등장과 발전이며, 텔레비전의 경우 통신 기술의 발전을 통해 영상 정보가 전파를 통해 전달되었다. 이 역시 미국의 사회과학, 미디어 커뮤니케이션 분과가 학문으로 발달한 것과 관련이 있다. 텔레비전 내용의 영향력은 여전히 연구 대상이며, 미디어의 영향과 역할은 더욱 무거워지고 있다. 이는 텔레비전의 시대까지 일방향의 담론 구조가 지배적이었던 것으로 볼 수 있다.

인쇄술과 카메라의 시대는 인류가 지식으로서의 정보를 받아들이는 소통 구조를 만들어냈다. 이는 책과 신문, 사진과 텔레비전이라는 소통 도구가 입력만 가능하다는 것과 관련이 있다. 지식을 빠르게 전달하는 담론 구조는 인류사에 학교의 폭발적인 증가와 발전을 가져왔다. 학교와 군대가 대표적인 피라미드형 담론 구조라는 것은 이 시대의 높은 지위를 차지했던 소통 도구들이 입력만 가능한 구조였다는 것과 관련이 있을 수 있다.

카메라가 인간의 눈을 확장시키고, 문자가 인간의 기억력을 지속 시켰다면, 컴퓨터는 인간의 뇌 기능을 확장시켰다. 컴퓨터가 대중화되기 전인 1980년대까지만 해도, 인간의 소통 도구는 산업화되었음에도 불구하고, 주로 정보를 받아들이는 시각의 입력, 혹은 시청각의 입력에 몰려 있었다.

이러한 추세는 컴퓨터의 등장을 통해 인간의 정보를 소통 도구가 받아들이는 대중매체의 시대로 전환된다. 특히 컴퓨터가 인간의 뇌를 대신하면서, 정보를 처리하는 속도와 정확성은 연산의 성격만큼 가속화되었다. 컴퓨터와 컴퓨터를 소통하던 인터넷이 인간과 인간의 일상적 소통도 담당하면서,

기존의 소통 도구들에 비해 폭발적으로 성장한다. 인간이 컴퓨터의 모니터와 스피커를 통해 시각과 청각의 정보를 입력하고, 키보드와 마우스, 마이크를 통해 정보를 출력하게 된다. 모바일 디바이스는 데스크탑이 갖지 못하는 인간의 이동 자유를 보장한다. 이는 인간의 다리가 손과 더불어 기술적 매체에 정보를 전달하는 역할로 작용한다. 예를 들어, 스마트폰을 가지고 GPS정보를 켠 채 이동을 하면, 다리는 스마트폰을 통해 정보를 출력하는 것이 된다. 다리의 출력 가능성은 데스크탑 컴퓨터와 모바일 디바이스의 본질적 성격을 구별하는 기준이다.

인간의 감각기관은 소통의 경계로서 소통 도구를 통해 인류 삶과 가치의 변화 등을 가늠할 수 있게 한다. 시각이 인간 정보의 대부분을 차지하고 있다는 것은 시각이 가진 정보의 가치를 드러낸다. 하지만, 여전히 그것이 가진 한계는 존재한다. 시각 위주의 이성 중심은 인간의 소통에 불균형을 가져왔다. 이성과 효율의 관계는 경제와 자본주의의 발전을 통해 인간을 도구화하는 아픔을 낳기도 했다.

영화와 텔레비전 시대는 시청각의 입력 중심으로 볼 수 있으며, 이 역시 강력한 피라미드형 구조와 냉전시대의 관계를 가늠해 볼 수 있다. 하지만, 컴퓨터의 등장 이후, 기술적 형상이 문자의 지위를 전복하는 현상을 목격할 수 있다. 앞에서 밝힌 바와 같이 텔레비전을 양피지로, 인터넷을 종이로 비유한 것과 같은 것이다. 양피지가 엘리트만이 소유했던 소통 도구였다면, 종이는 대중도 쉽게 정보를 출력할 수 있는 도구이다. 이처럼 텔레비전은 일부 엘리트들이 송출했던 정보를 인터넷과 컴퓨터를 통해 대중도 쉽게 정보를 출력할 수 있게 한 것이다. 양피지와 종이가 문자와 이성을 코드화하는 매체였다면, 텔레비전과 인터넷컴퓨터는 콘텐츠·기술적 형상과 그것을 작동시키는 사유방식을 코드화하고 있다.

이는 다양한 콘텐츠들 – 기술적 형상을 통해 인간의 소통이 새로운 차원에서 풍요로워지고 있음을 보여준다. 음성 인식 디바이스는 인공지능 스피커로 국내에서는 SK NUGU, KT Genie, KaKao 클로버 등이며, 인간이 인공지능 스피커에 정보를 출력하면, 인공지능 스피커는 목소리를 감지하고, 그에 대응하는 정보를 전달한다. 이는 청각의 입력과 구각의 출력으로 볼 수 있다. 콘텐츠의 기획에 있어서 시각의 입력이나 촉각의 출력 등이 조합이 되면, 사물인터넷이 된다. '클로버 텔레비전 켜줘.', '지니야, 거실등 켜줘.'와 같은 명령어를 통해 디바이스는 인간의 목소리를 전달받고, 실행한다. 아마존고의 경우, 앱을 통해 특정 공간에 들어가서 물건을 가지고 나오면, 자동결제되는 시스템이다. 이는 인간의 움직임이 정보로 매체에 전달되는 것이다. 이때 매체는 공간 자체가 된다. 어느 물건을 집고 놓았는지, 어느 물건 앞에서 오래 서 있었는지 등의 정보는 그 사람의 쇼핑 리스트를 빅데이터화해 저장할 수 있으며, 개인 맞춤 마케팅의 정보로 활용될 수 있다.

웨어러블 디바이스의 경우, 디바이스에 따라 감각의 입출력이 정해질 수 있는데, 인간의 움직임이 정보를 출력하는 점에서 아마존고와 같지만, 아마존고가 공간에 들어가야 한다면, 웨어러블 디바이스는 인간 몸에 부착된 디바이스가 공간에 구애받지 않고, 인간의 정보를 받아들인다는 것이다.

이때 웨어러블 디바이스는 사물인터넷과 연계된다면, 다양한 플랫폼을 기획할 수 있다. 예를 들어 인공지능 스피커와 텔레비전, 웨어러블 디바이스가 함께 작동한다면, 인간의 심장박동수와 혈압 등을 정보로 받아들인 웨어러블 디바이스가 인공지능 스피커를 통해 인간에게 '지루하세요? 재미있는 영상이 필요하세요?' 등의 대응을 할 수 있고, 인간은 그 정보를 청각을 통해 받아들인 후, 구각을 이용해 '다큐멘터리를 틀어줘'와 같은 정보를 보내주고, 다시 텔레비전을 통해 정보를 전달받을 수 있는 것이다.

이때 아직 드러나지 않은 후각 플랫폼을 떠올릴 수 있으며, 미세먼지의 환경과 기온, 인간의 컨디션 등을 고려한 공기를 보내줄 수 있는 소통 도구로 기획할 수 있다. 이는 인간의 소통에 풍요로움을 더해 줄 수 있는 기획으로 볼 수 있다. 드론 카메라의 경우, 인간이 드론 카메라의 정보를 시각과 청각으로 받아들일 수 있다. 드론 카메라는 일반 카메라와 달리 인간의 다리가 지면을 벗어날 수 없는 것과 달리, 지면에서 시작하는 시각의 한계를 극복한다. 이 때문에 보다 풍요로운 시각 정보를 전달해 줄 수 있다. 드론은 이러한 효율성 때문에 여러 측면에서 활용할 수 있는 가능성이 커진다. 택배나 공장, 농장과 경찰, 군대, 소방 등의 역할을 효율적으로 할 수 있다. 이때 드론의 기획력이 높아지기 위해서 인간 감각의 입출력을 재구성하면 보다 구체적으로 창의적인 기획을 할 수 있다. 드론에 청각을 프로그래밍하면, 하늘의 소리를 들을 수 있고, 구각을 프로그래밍하면, 고성능 스피커에 대한 부담을 줄일 수 있다. 락 페스티벌과 각종 축제 등에서 활용할 수 있을 것이다.

포켓몬고와 같은 증강현실 게임의 경우, 인간의 손과 다리를 통해 정보를 매체에 전달하고, 눈과 귀를 통해 정보를 받아들인다. 이는 스마트폰 감각의 입·출력에 제한된다. 증강현실 게임이 드론과 연결이 된다면, 풍요로운 경험을 할 수 있게 될 것이다. 가상현실 게임 혹은 콘텐츠의 경우, 인간의 손과 다리, 입 등이 정보를 출력하는 역할을 하고, 눈과 귀가 정보를 받아들이는 역할을 한다. 이때 가상현실 디바이스, 헤드기어 등은 시각의 완성도에만 몰두하고 있는데, VR게임의 한계는 오랜 시간 장착했을 경우, 어지럼증 등을 아직 해결하지 못하고 있는 점이다. 이는 청각의 평형감각을 프로그래밍화하면 도움이 될 것이다. 시각만을 구현해 놓고, 가상현실을 즐기려고 하는 것은 현실의 인간 감각에서 공간을 지각하는 청각의 평형감각을 간과한 것이다. 시각이나 청각의 입출력을 통해 소통할 수 있는 것도 많지만, 가상현실 콘텐츠의 경우 다양한 인간 감각의 입출력을 가능성으로 열어 놓아야 완성도를 높일 수 있다.

VR테마파크는 VR기기를 통해 공간을 즐기는 것으로 볼 수 있다. 이때 인간의 귀와 코의 출력을 제외한 모든 감각이 입출력을 가능하게 한다. 하지만, 앞서 서술한 청각의 평형감각을 구현하지 않은 VR기기는 사용에 한계가 있을 것으로 예상된다. 스마트카의 경우, 자율주행자동차로 볼 수 있으며, 이때 스마트카에서는 인간이 이동을 하면서 즐길 콘텐츠들이 필요할 것이다. 이때 사물인터넷, 웨어러블 디바이스, 드론과 VR 기기 등의 혼합과 재구성은 인간의 소통을 다채롭게 할 수 있다.

다음은 감각의 입·출력 사례들을 기존의 소통 도구에 적용하여 살펴본 것이다.

1. 매체로 본 감각의 입력

(1) 시각의 입력 매체

① 책

책은 그림이나 사진과 마찬가지로 시각을 통해 입력받는다. 인간이 책을 통해 정보를 입력받은 순간, 다시 그 정보의 형태로 출력하는 것이 어렵다. 책을 읽는 것은 시각을 통해 정보를 입력받는 것이다. 책은 문자를 해독하는 동안 이성을 활성화시키고, 문자는 역사의식을 활성화한다.

책은 문자로 이루어진 소통 도구로, 문자는 구두 언어와 관련이 있다. 책은 구체적이고 역사적인 서술을 가능하게 하지만, 문화권이 달라지면

번역을 필요로 한다. 문자는 구두 언어의 저장이 되지 않는 한계를 극복했지만, 구두 언어의 지리적 한계, 문화권의 영향은 그대로 이어 받는다. 책의 등장은 분과학문의 체계, 학교의 등장과 관련이 있다.

② 사진기

그림이 사람의 눈과 손을 통해 드러나는 형상이라면, 사진은 카메라-기술을 통해 드러난다. 사진은 벽화나 그림과 같이 시각을 통해 입력받는다. 그림은 형상에 대한 이해와 완성도에 따라 시간을 전제로 하지만, 사진은 기술적 형상의 특징에 따라 시간을 접어버린다. 사진은 그림에 비해 마법 같이 나타난다. 화가는 그림을 완성하는데 시간이 걸리고, 완성도에 있어서도 자유롭지 못하지만, 그림 자체를 대상으로 자유롭게 구성할 수 있는 반면, 사진가는 사진기의 기능 안에서만 자유롭다.

(2) 청각의 입력 매체

① 소리

소리는 어떤 물질의 떨림이 다른 물질을 타고 퍼져 나가는 현상이다. 떨림을 진동이라고 하며, 진동의 전달을 위해서 매질이 필요하다. 소리를 전달해 주는 대표적인 매질은 공기다.[91]

② 스피커

스피커는 소리를 기술적 형상화한 것이다. 관계 맺는 자는 스피커를 통해 소리 정보를 입력받는다. 최근 인공지능 스피커는 정보를 받아들일 수 있는 마이크를 일체화해 관계 맺는 자의 정보를 출력할 수 있게 하였다.

---

91) 이태진·유재현·백승권·최근우·이용주·서정일·강경옥, 『훤히 보이는 생활 속 오디오 기술-과학으로 알아보는 오디오 기술의 현재와 미래』, 전자신문사, 2011, 42쪽.

이는 대표적인 청각의 입력 매체에서 소통의 방향을 전환한 기획으로 해석할 수 있다.

③ 라디오

본래는 넓은 의미에서의 무선 전체를 가리키는 말이었으나, 이것이 변천되어 근래에는 전파에 의한 음성방송과 이를 수신하는 기계, 즉 수신기를 가리키게 되었다.[92] 라디오는 구두언어가 기술적 형상을 통해 전달되는 것이다. 구두언어가 인간의 물리적 한계 즉 목소리와 다리의 이동 가능성에 따라 소통의 범주에 종속받는다면, 라디오는 인간 개체의 목소리가 기술적 형상화된 것으로 볼 수 있다. 구두언어가 쌍방향이라면, 라디오는 일방향이며, 관계 맺는 자는 정보를 출력하지 않고, 입력받는다.

(3) 시·청각의 입력 매체

① 동영상

그림이나 이미지와는 다른 움직이는 영상물의 총칭으로, 컴퓨터 기술을 활용하여 만들어진 그림이나 사진 등 다양한 이미지 파일과 영화나TV프로그램처럼 영상으로 제작된 파일 자체를 지칭하기도 한다. 동영상 파일은 움직이는 물체의 영상을 TV의 화면처럼 만든 것으로 많은 양의 데이터를 처리해야 하므로 특수한 하드웨어를 이용한다. 시간의 흐름에 따라 움직이는 이미지의 연속적인 화면과 함께 오디오가 함께 재생되는 경우가 많다. 아날로그 매체에 저장된 동영상 파일을 디지털화하여 컴퓨터나 모바일기기에서 재생할 수 있다.[93]

---

92) 「라디오」, 『한국민족문화대백과』, 네이버지식백과.
http://terms.naver.com/entry.nhn?docId=544936&cid=46631&categoryId
=46631, (접속일:2017.11.07.).

사진이 시각을 통해 정보를 입력하는 도구라면, 동영상은 시각과 청각을 이용해 정보를 입력하는 도구이다. 이 역시 디지털 카메라의 시대가 오면서 사진이 겪는 본질적 특성이 변화되는 과정을 수용하게 된다.

② TV

텔레비전(Television)은 전기 신호가 닿는 곳이면 영상을 볼 수 있는 기기이며, 20세기 초 까지만 하더라도 상상조차 하기 힘들었던 물건이다. 텔레비전은 동영상을 매개로 소통의 과정을 피라미드형 구조로 볼 수 있으며, 관계 맺는 자인 시청자들은 서로 소통할 수 없다. TV는 시각과 청각이 주된 입력 기관으로 작용한다.

(4) 시·청·촉·후각의 입력 매체

① 4D 영화

4D 영화는 영화를 관람할 때 필요한 감각인 시청각 외에 다른 감각을 추가하여 관객에게 몰입 효과를 증대하는 기술이다. 4D는 4차원을 뜻하는 것으로 3차원으로 구현되는 이미지에 1차원의 특별한 효과를 준다는 의미로 해석할 수 있다. 의자의 움직임, 물 분사, 바람, 레이저, 조명, 향기 등을 구현하는 특수 효과를 이용한다.[94] 4D는 하나의 장르라기보다는 영화를 관람할 때 필요한 감각인 시청각 외에 다른 감각을 추가해 몰입감을 강화하기 위한 기술이자 수법이라 할 수 있다.

4D 영화는 시각 · 청각 · 촉각 · 후각의 입력으로 볼 수 있다. 정보를

---

93) 「동영상」, 『두산백과』, 네이버지식백과.
　　http://terms.naver.com/entry.nhn?docId=1209360&cid=40942&categoryId= 32842, (접속일:2017.11.07.).
94) 최양현·조성민, 『퓨처시네마』, 커뮤니케이션북스, 2015, 25쪽.

입력받는 것은 다양한 감각을 이용하고 있으나, 인간은 매체에 정보를 출력할 수 없다. 4D 영화는 이 장르가 출현할 당시, 업계의 기대가 많았음에도 불구하고, 컴퓨터와 스마트폰의 출력에 익숙한 현대인에게 성공한 플랫폼이 될 수 없었던 이유이다. 4D 영화를 감각의 입·출력으로 재구성한다면, 새로운 플랫폼 기획이 된다.

2. 매체로 본 감각의 입· 출력

(1) 청각의 입력과 발음기관의 출력 매체

① 인공지능 스피커

음성 기반 플랫폼을 이용하면 손을 이용하지 않고도 편리하게 기기를 관리하거나 제어할 수 있다. AI 스피커는 인공지능 알고리즘을 이용해 사용자와 음성으로 의사소통을 한다. AI 스피커를 이용하면 음성 인식을 통해 간편하게 제어하고, 사물인터넷이 연동되면 스마트홈 환경을 구축할 수 있다.95)

인공지능 스피커의 경우 청각을 통해 정보를 입력받으며, 입·발음기관을 통해 정보를 출력한다. 다리와 목소리가 출력하는 정보는 공간성 및 구두 언어의 특징과 연결되어 있다. 구두언어가 달라지는 지점에서 소통의 한계가 있다.

---

95) 「인공지능 스피커」, 『용어로 보는 IT』, 네이버지식백과.
http://terms.naver.com/entry.nhn?docId=3580973&cid=59088&categoryId
=59096, (접속일:2017.12.01.).

(2) 시각의 입력과 촉각의 출력 매체

① 그림

그림은 여러 가지 선(線)이나 색채(色彩)로 세계를 2차원으로 코드화한 것이다. 사람의 모양을 그림으로 표현하기 위해 선을 통해 코드화한다. 이때 그림을 그리는 행위는 책에 비해 쉽다. 책이 자본과 시간을 더 많이 필요로 한다면, 그림은 그에 비해 상징 혹은 해독에 걸리는 시간이 짧다. 그림은 문자를 배우지 않은 사람도 소통할 수 있는 도구이므로, 숫자와 같이 다른 문화권에 있는 경우라도 소통이 가능하다.

② 문자

문자는 시각적 기호(視覺的記號)에 의한 인간 상호간의 의사소통의 체계이다. 말이 입과 귀와 관계가 있다면, 문자는 눈과 관련이 있다. 사람의 목소리는 입에서 나온 순간 즉시 사라지고, 목소리 크기의 한계를 가진다. 시각적인 기호로 바꾸어 놓은 문자는 목소리가 닿지 않는 곳이나, 훗날로 옮겨 전달할 수 있다.

문자는 말이 가지는 시공상(時空上)의 한계를 극복한다. 문자는 말과 직접적인 관계를 가지면서 그 말을 기록하는 체계이다. 인간의 의사소통 수단 가운데 말과 직접적인 관계를 맺지 않으면, 문자라 할 수 없다.96) 구두 언어는 지리적 한계를 넘어서지 못하는 소통 도구이다. 문자의 경우, 그림에 비해 해독하는데 시간과 노력이 필요하다.

---

96) 편집부, 『국어국문학자료사전』, 한국사전연구사, 1994, 75쪽.

③ 숫자

숫자는 개수를 나타내는 문자이다. 수의 각 단위를 기호로 나타낸 초기 이집트숫자에서 기호로 수를 나타낸 그리스 숫자로 발전되었다.[97] 문자가 구두 언어의 기록물이라면, 숫자는 다르다. 구두 언어가 인간의 공간성, 지리적인 한계를 극복하지 못하는 특징을 가지고 있기 때문에 문자역시 번역을 필요로 한다. 하지만 숫자는 번역을 필요로 하지 않는다. 이 때문에 문자 세계관이 일구어온 문명의 발달에 비해 숫자가 일구어온 과학의 발전 속도가 훨씬 빠를 수 있었다고 보인다. 또한 연산의 미덕이 속도와 정확성에 있듯이, 숫자를 매개로 하는 문제 해결 방식은 미분과 적분을 통해 시간을 접어 버리는 특징을 가지고 있다.

(3) 시·청각의 입력과 촉각(손가락)의 출력 매체

① 컴퓨터

컴퓨터는 전자회로를 이용해 다양한 종류의 데이터를 처리하는 기기를 일컫는다. 하지만 폭넓은 의미에서 컴퓨터는 전자 회로의 유무와 관계없이 계산을 할 수 있는 기기 전반을 가리킨다. 컴퓨터라는 단어는 '계산하다'라는 뜻을 가진 라틴어인 'computare'에서 유래되었다. 100년 전 까지만 해도 컴퓨터란 전자 기기가 아닌 주판이나 계산기(계산척)과 같은 전통적인 계산도구, 혹은 계산을 하는 사람을 뜻했다. 20세기 중반부터 전자식 자동 계산기에 대한 연구가 활발하게 이루어지고, 디지털 데이터의 입력과 출력, 그리고 연산 및 저장 방식에 대한 원리가 확립되면서 비로

---

97)「숫자」,『두산백과』, 네이버지식백과.
   http://terms.naver.com/entry.nhn?docId=1116324&cid=40942&categoryId=32204,
   (접속일:2017.12.01.).

소 컴퓨터는 오늘날의 의미로 쓰이게 된다.[98)]

컴퓨터는 시각과 청각으로 정보를 입력받고, 촉각으로 정보를 출력한다. 텔레비전 리모콘이 소극적인 정보의 출력이라면, 컴퓨터의 키보드를 통한 출력은 보다 적극적이다. 이때에도 기술적 형상의 특징인 시간을 접는 현상은 통신체계와 테크놀로지를 통해 이루어진다. 컴퓨터는 촉각 가운데 손가락에 제한된 출력으로 볼 수 있다.

(4) 시·청각의 입력과 촉각(손가락, 다리)의 출력 매체

① 스마트폰
스마트폰은 휴대전화에 인터넷 통신과 정보검색 등 컴퓨터 지원 기능을 추가한 지능형 단말기로서 사용자가 원하는 애플리케이션을 설치할 수 있는 것이 특징이다. 기능면에서 휴대전화와 컴퓨터가 결합된 형태이다.[99)]

스마트폰의 경우 시각과 청각으로 정보를 입력받고, 촉각 가운데 손가락으로 정보를 출력한다. 이때 컴퓨터와 차별되는 것은 촉각 가운데서 다리의 자유로움이다. 컴퓨터가 촉각 가운데 손가락만 출력에 쓰고 있다면, 모바일 역시 출력에는 손가락만 쓰고 있다. 스마트폰과 컴퓨터의 차이는 다리 정보의 출력유무이다. 컴퓨터는 다리를 자유롭게 할 수 있는 부피와 무게가 아니기 때문에 스마트폰과 구별된다. GPS 등을 통해 정보를 내보낼 수 있기 때문에 다리를 출력기관으로 볼 수 있다. 출력기관이 손가락과 다리가 된 스마트폰은 유형화가 필요할 정도의 다양한 가능성을 가진다.

---

98)「컴퓨터」,『용어로 보는 IT』, 네이버지식백과.
   http://terms.naver.com/entry.nhn?docId=3572803&cid=59088&categoryId=59096,
   (접속일:2017.11.07.).
99)「스마트폰」,『두산백과』, 네이버지식백과.
   http://terms.naver.com/entry.nhn?docId=1199937&cid=40942&categoryId=32849
   (접속일:2017.11.07.).

② e-book

e-book은 기존에 종이책으로만 보던 것들을 기기 화면에서 이용하는 콘텐츠이다. e-북의 문제집[100] 형태도 있지만, 지금까지 시각으로 정보를 입력받는 사례가 다수이며, 이는 e-book이 페이스북과 같이 활성화된 플랫폼 혹은 어플이 되지 못하는 이유로 볼 수 있다. 다른 휴대 가능한 디바이스와 마찬가지로, 손가락과 다리로 정보를 출력하는 것이 가능하다.

③ 증강현실 게임 – 포켓몬고

포켓몬고는 닌텐도 자회사인 포켓몬컴퍼니와 미국의 증강현실 소프트웨어 개발사인 나이앤틱이 공동 제작한 증강현실(AR, Augmented Reality) 모바일 게임이다. 관계 맺는 자의 다리와 손의 방향이 출력하는 정보를 기반으로 관계 맺는 자의 환경이 게임의 배경과 구성요소가 된다. 관계 맺는 자의 촉각 가운데, 다리가 정보를 내보내고, 손가락의 출력을 통해 게임의 규칙을 수행한다. 촉각의 기계피부 가운데, 다리는 시각·청각과 달리 인간 개체의 정보를 출력하는 역할을 한다.

(5) 시·청·촉각의 입력과 시·촉각의 출력 매체

① 아마존고(Amazon Go)

아마존고[101]의 경우 촉각이 출력기관이 된다. 기존의 손가락이 키보드나

---

100) eBook 문제집과 학습시스템을 결합한 문제집 전문 eBook 스토어
   https://www.facebook.com/poolzabooks(접속일:2017.11.01.).
101) 「아마존고」, 『시사상식사전』, 네이버지식백과.
   http://terms.naver.com/entry.nhn?docId=3557879&cid=43667&categoryId=43667
   미국 최대 온라인 쇼핑몰인 아마존(Amazon)이 운영하는 오프라인 식료품 상점이다. 계산대에서 따로 결제할 필요 없이 상품을 집으면 자동 결제가 된다. 일반 마트와 달리 입장할 때 소비자가 애플리케이션을 구동하고 물건을 고르면 퇴장할 때 자동으로 결제가 되는 시스템이다. 집었다가 내려놓은 상품은 자동으로 구매 목록에서 삭

터치패드 및 문자와 관련된 출력기관이었다면, 아마존고의 경우 손과 다리, 몸의 움직임이 출력기관이 된다. 다리는 인간 개체의 공간성에 영향을 미친다. 인간 정보를 매체에 보내는 것은 촉각이 되며, 입력은 눈과 다리를 통해 할 수 있다. 감각이 하나씩 추가될 때마다 관계 맺는 자에게 일어나는 사건의 변화 가능성이 크다.

② 웨어러블 디바이스 (Wearable Device)

웨어러블 디바이스는 '신체에 부착하여 컴퓨팅 행위를 할 수 있는 모든 것을 지칭하며 일부 컴퓨팅 기능을 수행할 수 있는 어플리케이션까지 포함'(MIT Media Lab) 이라고 할 수 있다.[102] 웨어러블 디바이스는 피부에 직접 부착할 수 있는 형태의 부착형, 그리고 인간의 신체에 직접 이식하거나 복용하는 형태의 이식/복용형으로 분류된다. 산업별로는 라이프스타일 목적의 제품이 많다.[103] 스마트 와치, 스마트 수트는 착용하는 것이며, 발음기관이나 움직임을 통해 정보를 출력한다. 스마트 와치의 경우 스마트폰과 상호연결되어 입력과 출력의 보조 역할을 하며, 스마트 수트, 스마트운동화 등도 운동선수의 동작 혹은 신체 치수 등을 반영하여 정보를 출력할 수 있다. 웨어러블 디바이스는 종류에 따라 다리와 손가락뿐만 아니라 인간의 피부 감각이 출력할 수 있다. 정보의 입력은 시각, 청각, 촉각(피부의 온도, 혈압, 수면 상태), 후각이 될 수 있다.

제되며, 결제를 위해 따로 줄을 서지 않아도 돼 쇼핑 시간이 절약된다. 2016년 12월 미국 시애틀에 첫 매장이 열렸으며 아마존 직원을 대상으로 시험 운영 중이다. '계산대 없는 무인상점 '아마존고' 어디까지 왔나', <ZDNet Korea>, 2017.11.16. http://www.zdnet.co.kr/news/news_view.asp?artice_id=20171116110109&type =det&re=, (접속일:2017.11.07.).

102) 임철수, 「웨어러블 디바이스 주요 기술/서비스 이슈 분석 및 발전방향 연구」, 『한국차 세대컴퓨팅학회 논문지』, 한국차세대컴퓨팅학회, 2017, Vol.13(4), 82쪽.

103) 임철수, 앞의 글, 83쪽.

[그림 21] 웨어러블 센서들의 착용 위치

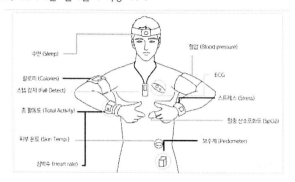

출처 : 조준동, 『창의융합 프로젝트 아이디어북』, 한빛아카데미(주), 2015

③ 사물인터넷

사물인터넷은 인터넷을 기반으로 모든 사물을 연결하여 사람과 사물, 사물과 사물 간의 정보를 상호 소통하는 지능형 기술 및 서비스를 말한다.104) 사물인터넷은 사물에 감각기관의 입·출력이 가능한 프로그래밍을 한 것이다. 인간의 촉각 특히 손가락을 이용해 정보를 출력하는 경우가 많으며, 이때 기계가 인간의 다리를 자유롭게 할 수 없는 것이라면, 스마트홈 혹은 스마트오피스 등과 같은 공간이 된다. 카메라와 오디오, 열 인식 등을 통해 인간의 정보를 출력할 수 있다. 설정에 따라 인간의 존재 및 사건 자체가 입력 및 출력 기관이 된다.

④ 인공지능 로봇

감각의 입·출력에서 보면 로봇은 눈, 귀, 피부, 발음기관, 코의 감각뿐만 아니라, 피부감각 중 대부분의 기계감각과 문제해결을 스스로 처리할 수

104) 「사물인터넷」, 『두산백과』, 　　　　　　　　　　　　　네이버지식백과.
http://terms.naver.com/entry.nhn?docId= 2028310&cid=40942&categoryId=3285
4, (접속일:2017.11.01.).

있는 뇌를 프로그래밍한 것으로 볼 수 있다. 신경계의 뉴런과 내장감각까지 프로그래밍으로 재현할 수 있다면, 인공지능의 인간화 완성도는 높아질 것이다.

⑤ 드론
드론은 무선전파로 조종할 수 있는 무인 항공기다. 드론에 카메라와 센서가 탑재되면, 인간의 감각 가운데 시각의 입력, 촉각의 출력으로 볼 수 있다. 하지만, 기존의 카메라와 차별되는 지점은 촉각이다. 촉각인 인간의 다리가 지면을 전제로 한다면, 드론은 지면으로부터 자유롭다. 땅과 하늘 사이의 물리적 공간을 출력의 대상으로 한다는 점에서 다른 카메라 혹은 기술적 형상들과 차별화된다.

3. 감각의 입·출력을 이용한 기획

모든 콘텐츠는 인간과 관계를 맺기 위해 경계와 방향이 필요하다. 경계는 소통의 전제이며, 방향은 소통의 작동 방식이다. 소통의 형식인 코무니케메는 한 방향과 쌍방향으로 나눌 수 있으며, 소통의 구조 역시 방향이 중요한 요소가 된다.

인간의 경계는 감각기관으로 볼 수 있다. 감각기관을 통해 자극을 받고, 신경을 통해 뇌에 전달된다. 눈, 코, 입, 귀, 피부로 나누어진 감각기관을 방향인 입출력으로 나누어 볼 수 있다. 이때 출력은 매체의 입력을 전제로 한다.

책은 시각의 입력, 동영상은 시청각의 입력으로 볼 수 있다. 컴퓨터는 시청각의 입력과 피부(손가락)의 출력으로 볼 수 있다. 스마트폰은 시청각의 입력과 피부(손가락 · 발), 발음기관의 출력으로 볼 수 있다. 가상현실 게임인 포켓몬고는 시청각의 입력과 피부(손가락 · 발)의 출력으로 볼 수 있으며, 인공지능 음성인식 디바이스는 청각의 입력과 발음기관의 출력으로 볼 수 있다.

(1) 후각 플랫폼

콘텐츠 기획은 내용으로부터 출발하는 경우가 많았다. 대표적으로 OSMU가 그러하다. 이 글에서는 구성적 특징으로부터 시작하는 기획의 방법을 제안할 수 있다. 독창적인 기획은 깊이 있는 내용을 통해서도 접근할 수 있지만, 과정의 도식적 재구성을 통해서도 가능하다. 감각의 입·출력을 통해 기존의 소통 도구들을 고찰해 봤을 때, 코가 정보를 출력하는 플랫폼의 활성화는 쉽게 드러나지 않았다. 기획 방법의 사례로 후각 플랫폼을 기획할 수 있다.

후각은 기존의 플랫폼이나 콘텐츠에서 주된 소통 기관으로 기능하지 않고, 4D 영화 등에서 몰입의 완성도를 위해 추가되는 기관이었다. 후각의 전제는 공기이다. 숨을 쉬는 행위를 통해 정보를 입력받는다. 코의 기능 안에서 방향을 전환해서 기획을 발상할 수 있다.

사용자가 출력하는 공기질과 환경의 미세먼지를 측정하여, 사용자에게 필요한 공기나 향을 제공해 줄 수 있다. 사용자가 원하거나 필요한 향을 발음기관 혹은 체온이나 체취로 플랫폼에 정보를 보내면, 그에 맞는 향을 제공할 수도 있다. 후각 플랫폼으로 정보의 입·출력을 자주 인식하게 되면, 이성 외에 다른 능력이 활성화될 것이다.

(2) 인공지능 스페이스

포켓몬고와 같은 증강현실 게임은 지역 공간이 플랫폼이 될 수 있다. 증강현실의 분류가 손가락과 다리의 정보를 출력하여, 시·청각으로 정보를 받는 구조이기 때문이다. 콘텐츠 분류에서 다리의 움직임을 정보로 출력하는 것들은 모두 공간을 구성할 수 있다. 또한 드론의 경우 지면과 떨어져서 정보를 제공하므로, 공간 기획에서 다양한 역할을 할 수 있다. 기존의 콘텐츠 가운데 다리의 정보를 출력하는 것들을 집합·재구성하여 공간 기획에 접근할 수 있다.

공간의 경계를 이루는 기본 단위는 벽과 천장, 바닥이다. 인공지능 스페이스는 벽과 천장, 바닥, 공기에 센서와 카메라 등을 프로그래밍해서 인간과 상호작용하는 플랫폼으로도 기획할 수 있다. 사용자는 말이나 움직임을 정보로 출력하여 콘텐츠를 구성해낼 수 있다. 예를 들어 시간의 한계인 이미 죽은 사람과 만나는 장면이나, 공간의 한계인 인간이 갈 수 없는 우주의 한 장면 같은 환상을 연출할 수 있다.

인공지능 스페이스가 한정된 공간을 대상으로 하는 것이라면, 인간의 움직임을 대상으로 기획할 수 있다. 도로, 공공기관 등에 센서를 프로그래밍해두고, 인간의 사건 등을 정보로 입력받게 하는 것이다. 이것이 카메라와 채널이나 페이스북의 페이지가 되면, 곧바로 뉴스나 다큐멘터리, 드라마가 된다.

공간이 프로그래밍 되면, 사소한 실수나 사생활을 관리하는 영역들이 나타날 수 있다. 프로그래밍 없이는 아무것도 없는 공간에서 중요해지는 것은 문제의식과 기획력이 될 것이다.[105] 탈감각의 영역에서 소통이 어떻게 이루어지느냐에 대한 문제는 앞으로 미래 사회의 인간관, 세계관에 영향을 미칠 것이다.

---

105) "구글이 교수보다 더 정확한 정보 갖고 있다, 교수는 이제 인터넷에 없는 '경험' 가르쳐야", 조선닷컴,
http://news.chosun.com/site/data/html_dir/2017/07/05/2017070500288.html,
(접속일: 2017.07.05.).

4. 콘텐츠의 소통과정 세번째: 인간과 인간의 관계

기술적 형상을 분석하는 과정은 그것이 프로그램을 만들기 위해 기계에게 실행을 명령하는 단계, 만들어진 프로그램으로 제작하는 단계, 그것을 대중적으로 사용하는 단계로 분류할 수 있다. 분류의 근거는 인간이 무엇과 어떻게 관계 맺느냐로 볼 수 있다. 컴퓨터 프로그래밍 프로토콜을 살펴보는 것은 인간과 기계가 소통하는 언어를 만들어내는 작업을 살펴보는 것이며, 콘텐츠로 가공하는 단계는 그 언어를 통해 플랫폼을 개발하는 것으로 볼 수 있다. 그것은 TV 채널과 프로그램, 모바일에서는 어플리케이션 그중에서 SNS 어플 등으로 볼 수 있다.

이는 인간이 세계와 소통하는 차원으로 정리할 수 있으며, 인간이 세계를 대상화하는 차원이라 할 수 있다. 관계 맺는 자가 어떻게 세계를 바라보느냐에 따라 기획과 제작에 강한 영향을 미치며, 세계에는 인간도 포함된다. 따라서 채널과 프로그램 안에서 보이는 사람들은 관계 맺는 자인 사람이 그 안의 내용인 사람을 어떻게 보느냐에 달려 있다. 기획, 편집, 제작이 그러한 메커니즘 속에 담겨 있다는 것은 플루서가 지적한대로 대중매체가 명령법을 중계하고 있다는 것이다. 기술적 형상을 사용하는 단계는 기술적 형상이 등장하고, 여러 감각 가운데 그것을 '보는' 시각의 차원이 대부분이었지만, 컴퓨터와 인터넷의 등장으로, 인터넷 아고라를 통해 손가락인 촉각을 통해직접 '입력'할 수 있는 차원이 등장했고, 모바일과 인터넷의 등장은 어디서든 쉽게 콘텐츠를 제작하여 유통할 수 있는 차원에 이른 것은 목소리를 전달하던 공기의 공간적 한계를 극복한 것으로 볼 수 있다.

모바일의 SNS의 분류기준은 기술적 형상으로 인간과 인간이 소통하는 차원이다. 기술적 형상을 사용하는 인간끼리 소통하는 것이다. 대표적인 사례로 게임 · SNS 등이다. 포털 사이트에서의 댓글, 채팅, 공유뿐만 아니라 기술적 형상으로 소통이 이루어지는 것은 모두 해당된다. 이때 시각을 통한 모니터와 손가락의 촉각만이 주로 사용된다는 것은 다른 감각으로 소통하는 차원의 기획을 상상하고 점검하게 한다. 현재까지 시각이 주를 이루는 시각 기반 디바이스가 많았지만, 청각이나 다른 감각을 합친 디바이스가 등장한다면, 분류는 달라질 것이다.

사용자는 기술적 형상의 디바이스에 따라 다르다. 앞서 분류했다시피, 정지된 시각을 이용한 것이 처음 나타난 기술적 형상이라면, 동영상은 청각의 입력기관이 더해지고, 컴퓨터는 출력기관이 더해진데다, 여러 정보들을 종합하고, 기획해낼 수 있는 플랫폼이 되었다. 모바일의 경우, 사용자가 이동가능해지고, 어디서든 인터넷 접속이 가능해지면서, 일의 공간성에 대한 개념은 크게 달라진다. 이때 사용자는 프로슈머의 개념으로 바뀌기도 한다. 컴퓨터가 인터넷에 접속이 되면서부터 사용자는 프로슈머로 볼 수 있다. 출력이 가능한 사용자는 생산자로 기능할 수 있는 것이다. 더불어 프로그래밍이 대중화되면서 코딩 교육이 활발해지는 것은 생산자로서의 사용자 기능이 확대될 것으로 전망된다.

생비자(프로슈머)는 대중적 차원이다. 프로그래밍 언어를 개발하거나, 콘텐츠를 제작하는 것이 아니지만, 일상을 사는 모두에게 해당되는 차원이다. 플루서는 이를 관계 맺는 자의 엘리트와 구별되는 대중으로 보았다. 이때의 소통은 기술적 형상을 통한 인간과 인간의 소통으로 볼 수 있다. 온라인 게임, 블로그 SNS, 포털 사이트의 아고라, 댓글이다.

댓글은 프로슈머 일상의 작은 단위로 볼 수 있다. 댓글을 주고받는 것은 문자로 이루어져 있다. 댓글의 부작용은 아직 제도적으로 입법되지않아, 각종 선거와 여론몰이, 마녀사냥으로 인한 사회적 문제로 확대되고 있다. 블로거 관련 법안도 마찬가지이다. 개인이 수억 대의 연봉을 벌지만 몇 년 전까지 세금을 내지 않았고, 김영란법에도 적용되지 않는 것 등은 새로운 소통 도구가 등장하면서 그에 대한 법적 제도적 방안이 마련되고 있지 않음이 드러난다.

프로슈머에게 기획은 어떻게 블로그를 운영할 것인가 등으로 보인다. 특히 유튜브, 아프리카TV, 인스타그램과 같은 플랫폼에서 새로운 직업 혹은 직군들이 등장했다. 채널을 기획하고, BJ의 경우 새로운 장르의 연예인으로서 그것을 관리하는 사업이 생겨났고, 기업이나 학교에서 그에 대한 발빠른 접근은 인상적이다. 중국에서 역시 웨이보를 통한 사업이나 개인 언론으로서의 플랫폼 역할 등은 프로슈머의 영역으로 보인다. 코딩을 통해 어플리케이션을 제작하지 않고, 그것을 사용하는 것만으로도 기획력은 요구된다. 학교에서는 가르쳐 주지 않지만, 파워블로거 되는법, BJ되는 법 등은 학교체계가 현실과 떨어져 있음을 시사한다.

블로그 만드는 법이나, 동영상 어플을 통해 방송을 송출하는 등은 기술적 형상의 발전 덕분에 아주 간단하다. 기술력이 아닌 기획력이 경쟁력을 판가름하는 것이다. 이러한 차원에서 기획력은 더욱 중요하다. 이때도 마찬가지로 도식적 활용은 가능하다. 페이스북에서 보이는 소통의 과정은 한 기업일 뿐인 기술적 형상에 우리가 너무 많은 의존도를 보여주고 있음을 드러낸다. 이때 프로슈머들은 일상과 정보들을 공개하는 게 거리낌이 없으며, 그것을 통해 자신과 사회를 구성해 나갈정도로 크고 작은 영향력을 가지고 있다. 기업의 마케팅 수단이 되기도 하고, 개인의 일상을 나누는 편지나 일기의 중간 플랫폼이 되기도 한다. 이때 성공적인 기획은 그 제작자의 의도를 파악하고, 주체적인 프로슈머가 되는 것이다. 정보의 질이 높을수록 플랫폼에 대한 의존도는 커진다. 하지만 그 플랫폼을 활용하는 데 결정적인 이유는 프로슈머들끼리 소통하는 정보의 질이 된다. 자유 경쟁하는 인간 중심 사회에서 새로운 소통 도구의 발견은 인간의 삶을 이롭게도 하지만, 결핍하게 만들기도한다. 마녀사냥과 진단하기 쉽지 않은 사회적 문제들이 그것이다. 건강한 인간은 도구를 바람직하게 써야 하지만, 도구의 프로토콜에 무기력할 수밖에 없다.

프로슈머가 블로그 제작과 운영에 성공적일수록, 그것은 블로그 사이트에 기여하는 바가 커진다. 이러한 구조를 변경하는 것은 일반적 프로슈머에게 어렵다. 플랫폼에 종속되는 의존도를 낮추면서 오류를 최소화하는 기획은 플랫폼을 제작하는 일이다. 하지만 숫자가 응축된 기술적 형상은 조작이 간편하다. 기획은 문자를 해독하듯이 기술적 형상을 창조하는일이다. 페이스북 안에서 새로운 기획을 하는 것은 숫자가 무한대인 것처럼 풍요롭다. 페이스북 안에서 페이지를 기획하는 것은 경험이라는 원망법을 최대한 활용하는 것이다.

소통할 수 있는 기술적 형상의 분류는 감각의 차원에서 디바이스를 구별할 수 있다. 현상적으로 가장 많은 영향력을 주는 기술적 형상의 소통 가운데 SNS 페이스북의 국내 일반적 사용 과정을 다루고자 한다. 국내 페이스북 연구를 RISS 검색결과 1,052편의 학위논문과 1,091편의 학술 기사가 확인 되었다. 황유선[106]은 페이스북 몰입에 영향을 미치는 요인을 연구하는 것으로 글쓴이의 연구와 주제가 흡사하지만, 주제의 조건이 어떠냐에 따라 페이스북의 몰입 정도를 가설로 두었기에, 페이스북 자체의 과정에서 오는 요인과는 문제의식과 분석 층위가 다르다고 할 수 있다.

---

106) 황유선, 「페이스북 몰입에 영향을 미치는 요인에 대한 연구」, 『커뮤니케이션이론』, Vol.11, No.3, 2015, 133~175쪽.

1. 콘텐츠 향유 과정

(1) FACEBOOK 사례

이 절에서는 <페이스북>이 제공하는 소프트웨어를 사용자가 어떻게 다른 사용자와 소통하는 것인지이며, 이는 사용자의 향유과정으로 볼 수 있다. 페이스북 국내 연구 사례들은 페이스북에 접근하는 이용자들의 내용에 따라 연구하거나, 사회적 관계 형성의 차원에서 보는 것이 많았다. 하지만 소프트웨어 프로그램이 제공하는 인간과의 인터페이스, 메커니즘으로 본 것은 찾기 힘들었다. 페이스북의 일반적 사용은 페이스북을 만든 제작자의 의도와도 관련이 있다. 소통의 메커니즘은 기계와 인간이 소통하는 차원도 있지만, 관계 맺는 자로서 페이스북을 제작한 사람이 제공하는 메커니즘의 차원도 있다. 또한 페이스북을 일반적으로 사용하는 관계 맺는 자, 프로슈머로 표현되는 차원이 있다. 이는 쉽게 블로거, 게이머 등으로 이해할 수 있다. 따라서 이 절에서는 페이스북을 향유하는 일반적 소통 과정에 주목하고자 한다. 이때의 관계 맺는 자는 프로그래밍 언어를 개발할 수 있거나, 어플리케이션을 제작할 수 있는 코딩 능력을 가진 사람이 아닌, 글을 읽거나, 직관적으로 모바일 디바이스를 사용하는데 어려움이 없는 사람을 기준으로 삼았다. 페이스북의 일반적 사용은 다음과 같다.

스마트폰 디바이스에서 어플리케이션을 다운 받은 후, 다운이 완료되면 아이콘을 선택 터치한다. 페이스북 아이콘이 실행되고 프로그램이 활성화되면, 메인창이 열린다. 뉴스피드(News Feed)에는 친구를 맺거나 맺은 사람들의 게시물이 올라오는데, 이때 무슨 생각을 하고 있는지 올릴 것에 대한 질문은 실행하는 동안 나타난다.
일반적으로 스마트폰에서 어플리케이션을 다운 받은 후, 다운이 완료되면, 아이콘을 손가락으로 터치한다. 디바이스의 크기는 일반적으로 오른손의 엄지손가락을 이용하기 쉽도록 디자인되어 있다. 오른손 엄지 손가락이 활성화 혹은 기계와의 잦은 접촉은 인간 몸의 물리적 기능과 정신에 영향을 줄 것이라 짐작한다. 아이콘의 크기는 모듈처럼 동일하다. 터치를 통한 활성화는 각 어플마다 다르다. 그렇기 때문에 여기서는 페이스북이 제공하는 화면을 중심으로 일반적 사용자들이 어떤 과정을 거쳐 페이스북을 사용하는지 코무니콜로기적으로 살펴보고자 한다. 터치를 통한 활성화는 인식으로 볼 수 있으며, 프로토콜에서 인간의 움직임의 유무는 조건문으로 실행될 것이다. 이는 코무니케메 직설법으로 볼 수 있다. 프로토콜이 만들어지는 것은 나무형 담론으로 볼 수 있으며, 페이스북어플이 인간과의 인터페이스는 직설법과 나무형 담론구조로 볼 수 있다.

[그림 22] 스마트폰에서 본 페이스북의 아이콘

스마트폰에서 본 페이스북의 아이콘은 여러 선택 사항 중 하나이며, 이때 하드웨어의 프로토콜은 '터치하시오' 내지 '누르시오'로 조건문이 생성된다. 인간의 행동은 프로그래밍 프로토콜의 조건문에 해당한다. 조건문역시 직설법의 코무니케메이므로, 스마트폰을 만지는 순간 터치하라는 알고리즘에 놓이게 된다. 인간이 스마트폰을 주체적으로 쓰기 위해서는 이러한 기술의 기만적 전술을 염두해 두어야 한다. 터치 자체는 스마트폰 디바이스에 인식이 일어나고, 터치된 아이콘의 활성화는 인간이 공기를 통해전달하는 음성과 같다. 하지만 기존의 구두 언어와 기술적 형상 소통사이의 차이점은 기술적 형상이 터치의 조건문을 프로토콜로 전환하여 아이콘을 활성화하는데 인간의 인식능력으로 헤아릴 수 없는 인식과 태도의 코무니케메의 반복이 응축되어 있다는 것이다.

[그림 23] 페이스북 아이콘을 터치한 뒤 나오는 장면

페이스북의 아이콘을 터치하면 사용자가 팔로잉(following)한 게시물들이 시간의 순서 혹은 페이스북의 알고리즘에 따라 나타난다. 이때 화면이 바뀌는 과정은 알 수 없다. 블랙박스 안에 정리된다. 하지만 인터페이스 역시 전혀 인지할 수 없을 정도로 처리 속도는 빠르다. '무슨생각을 하고 계신가요?'라고 적혀있고, 아래에는 내가 최근에 찍었던 사진이 등장한다. '회원님만 볼 수 있습니다.' 라고 적혀 있는 사진이 아래로는 페이스북 친구들이 공개한 게시물이 나타난다. [그림 23]에 나오는 '무슨생각을하고계신가요'는 원망법을 중계하고 있지만, 명령법으로 볼 수 있다. '무슨생각을 올리라는 태도에 종속되고, 종용된 인간의 실행은 페이스북 알고리즘의 조건문으로 이해된다. 사용자가 찍은 사진이 페이스북에 등장하는 것 역시 사용자에게 내용을 올리라는 독촉이다. 로딩 중일 때에는 다음과 같은 장면이 나온다.

[그림 24] 페이스북의 로딩 장면

페이스북의 로딩 장면은 사용자로 하여금 반성이나 인식을 할 수 없도록 한다. 사용자는 이 장면을 의식하기 힘들다. 로딩 이후 장면으로, 포맷과 단위를 확인할 수 있다. 이 장면 역시 사용자가 쉽게 인지할 수 없지만, 페이스북 뉴스피드의 기본 단위가 각각의 사용자의 게시물에 있다는 것을 보여준다. 하지만 그것들은 연결되어 있어 기본 단위와 동시에 연결 자체인 뉴스피드가 분절된 서사로 받아들여진다.

[그림 25] 페이스북의 로딩 이후 장면

사용자는 페이스북의 로딩 장면 역시 인식하거나 반성하기 힘들다. 그리고 페이스북을 열었다가 닫지 않고, 다시 활성화하는 경우는 처리 속도는 열려진 그대로 유지되어서 로딩 장면은 볼 수 없다. 페이스북의 서사는 태도와 인식으로 이루어져 있으며 파편적인 담론이자, 끊임없는 망형 대화를 구성하고 있다.

　다음 그림은 사용자가 페이스북에 접근하여 볼 수 있는 장면이다. 사용자가 페이스북을 활성화시킬 때마다 화면은 바뀐다. 왜냐하면 접속은 분절적이지만, 뉴스피드의 정보는 계속 흐르고 있기 때문이다. 이때 손가락의 움직임은 모바일의 스크린을 만나고 있고, 게시물은 알고리즘을 통해 다른 사용자의 게시물을 전송한다. 기술적 형상의 소통은 전통적인 인지를 허물지만, 익숙해진다는 것은 그러한 문제의식으로부터 멀어진다.

[그림 26] 페이스북 게시물 1~2

[그림 24 · 25] 다음에 나타난 게시물은 페이스북의 상업 광고이다. 사용자의 친구 혹은 팔로잉한 계정들을 알고리즘화해 관심사를 추천해 준다. 뉴스피드 안에서 다른 게시물과 같은 사이즈의 모습을 제공해주고 있다. 이 때문에 사용자는 추천게시물이라는 작은 글씨를 보면서도 쉽게 직설법의 코무니케메-인식으로 받아들여져 브랜드의 마케팅에 구속된다.

[그림 26]의 게시물은 페이스북을 활성화한 뒤 세 번째 게시물로, 이와 같은 포맷형식은 200번째 300번째 게시물에도 계속해서 나타나며, 연결은 끊어지지 않는다. 페이스북의 뉴스피드에서는 사용자의 의지가 있다면 계속해서 이어진다. 텔레비전 프로그램 안에 샷이 기본 단위가 되고, 프로그램은 콘텐츠로서 단위가 되지만 전파는 멈추지 않고 이어지듯이, 페이스북의 뉴스피드는 계속 연결된다.

[그림 27] 페이스북 게시물 3

텔레비전 채널들 가운데 사용자가 채널을 고정시키듯, 뉴스피드의 게시물은 터치에 의해 정지되고, 게시물을 향유할 수 있다. 텔레비전 프로그램이 기획·제작의 과정을 거쳐 모습을 드러낸다면, 페이스북의 게시물은 주로 사용자의 차원에서 표상된다. 페이스북의 게시물을 만들어 유통시키는 방법은 텔레비전 프로그램 기획·제작에 비해 간단하다. 뉴스피드의 게시물 역시 이미 지나 동영상, 쉽게 읽을 수 있는 텍스트로 구성되어 있다. 도구가 간단해지면 내용물 간의 경쟁력 차이는 더 크게 두드러진다. 뉴스피드 가운데 하나를 터치하였을 때의 장면이다.

[그림 28] 게시물 사례

화면 안에서의 문자는 읽히지(read) 않고, 이미지처럼 보인인다(look)는 연구결과가 나왔듯이, 종이에 밝혀진 구조와 달리 기술적 형상인 모니터 위에 표현된 문자는 구별되어야 한다. 그것은 의미의 소통에도 영향을 끼친다는 것이다. 종이로 읽을 때의 소통 구조와 기술적 형상 안에서의 소통 구조는 분명한 담론과 모호한 대화로 구별할 수 있다.

　　해시태그 역시 대화를 재구성하는 기술적 형상의 기능 중 하나이다. 페이스북 안에서 해시태그를 쓰면 그 단어를 모두 수집할 수 있고, 점검해 볼 수 있다. 이때 문자는 의미로서가 아니라 숫자의 통계로 작용한다. 이는 문자가 숫자로 이루어져 있기 때문에 가능한 것이다. 이는 우리의 인지 구조 역시 숫자와 문자의 의미가 무분별해 질 수 있는 지점이다.

[그림 29] 공유 게사물 사례

페이스북 게시물은 사용자의 팔로잉에 따라 결정된다. 이는 사용자 마다 다른 뉴스피드를 본다는 것이며, 사회적 갈등이 있을 때 그것은 더욱 심화된다.107) 연결은 선으로 이루어져 있고, 소통의 도식화에서 분명하게 드러난다. 소통이 자주 일어나지 않은 분야와 연결하는 것은 새로운 기획의 방법으로 가능하다.108)

2. 소통 인자

플루서가 이야기한 것은 인간의 소통이었다. 인간이 계를 이어 소통하려는 것은 죽음의 한계를 극복하기 위한 것이었지만, 기계의 한계는 앞으로 두고 보아야 할 문제이다. 기계의 경우 대부분 인식과 태도로 이루어져 있다. 기계의 프로토콜에서 원망법을 찾을 수 있는 것은 앞으로의 기계의 한계에 대한 문제의식이 될 것이다. 페이스북을 사용하는 것 역시 모율화되어 있는 것들을 곳곳에서 발견할 수 있었다. 아이콘과 뉴스피드의 게시물, 화면의 프레임 등은 디바이스가 가지고 있는 양자화를 상정하는 디자인이다. 이때 체험으로 볼 수 있는 것은 인간끼리의 대화인데, 이것은 주로 댓글로 이루어진다. 댓글이나 '좋아요'를 통해 콘텐츠를 재송출하면서 강조하고, 댓글을 통해서도 소통거리들은 생산된다.

여행이나 문화 예술을 다루는 것은 체험의 원망법을 보여주는 것

---

107) 페북에 취향저격 글만 뜬다면 이마 당신은 위험수위
https://blog.naver.com/PostView.naver?blogId=businessinsight&logNo=221069207181&categoryNo=13&parentCategoryNo=0
108) 문화일보 경제, "창의력, 無에서 有 아닌 전혀 관계없는 것을 연결하는 능력
http://www.munhwa.com/news/view.html?no=2017060201032921077001

처럼 보이지만, 대기업 혹은 브랜드 광고일 경우 명령법으로 보아야 한다. 플루서는 기술적 형상이 명령법을 중계하지 않고, 스프 끓이는 법 등을 중계하고 있어서 더 위험하다고 하였다. 의도를 감추고 있기 때문이다.

페이스북 역시 사적 이익을 추구하는 브랜드(Brand)이므로, 그 알고리즘이 의도하는 것은 계속해서 페이스북을 사용하는 것이다. 플랫폼 속에 콘텐츠들이 자유롭게 떠다니면서 알찬 정보와 낭만을 중계하고 있지만, 계속해서 페이스북을 사용하라는 명령법적 구조 아래 놓이게 된다.

이는 대부분의 기술적 형상에서 나타난다. 포털 사이트 혹은 플랫폼이 정부에서 운영하는 것이 아니라면, 그것은 새로 나타난 소통도구를 자유롭게 쓸 수 있는 사람이 사회의 헤게모니를 가지는 구조가 된다. 인간 중심주의가 낳은 자유경쟁 시대는 문제처리에 대한 속도와 정확성에 매달려 방향에 대한 문제는 간과하고 있다. 텔레비전 방송에 공영방송이 생기고, 신문방송과 관련된 언론중재 등의 법과 제도가 마련된 것에 비해 김영란법이 파워블로거에게는 해당되지 않는 것은 문자의 패러다임의 공든탑인 정치와 제도가 기술적 형상으로 이루어진 현실을 따라가지 못하고 있음을 반증하는 것이다.

3. 특성과 한계

기술적 형상은 동영상, 플로우flow(모바일과 기구작동 자간의 인터페이스와 어플리케이션의 메커니즘) 등은 체계적인 교육을 필요로 하지 않는다. 감각을 기반으로 직관을 통해 사용할 수 있기 때문이다. 문자가 그것을 자유롭게 해독하고 창조하기 위해 몇 년 간 교육을 받고 훈련의 시간이 필요한 반면, 기술적 형상과 같은 사진, 텔레비전, 모바일 디바이스 등은 문자의 소통 도구가 필요로 하는 시간을 필요로 하지 않는다. 이러한 점은 과학 기술이 발달할수록 더욱 심화될 것이다. 이러한 소통 도구의 특징은 숫자로 귀결된다. 숫자는 앞서 프로그래밍 언어의 프로토콜에서 다루었으며, 페이스북의 일반적 사용에서 분석되어야 할 소통도구는 기술적 형상이다.

문자와 이미지도 기술적 형상으로 드러나며, 컴퓨터와의 인터페이스도 인간의 소통도구로 보아야 한다. 이러한 메커니즘을 통해 인간 소통에 영향을 미치며, 인간의 사유방식에도 영향을 미치기 때문이다. 페이스북에서 쓰이는 소통 도구는 컴퓨터 프로그래밍을 통한 인간의 반응을 포함한 기술적 형상이다.

지역별로 언어가 달라지는 것은 공간의 한계가 여전히 문자와 교육, 기술적 형상을 대중적으로 이용하는 차원에서도 유효하다는 것을 보여준다. 이미지는 해독에 따르는 교육이 문자에 비해 간결하다. 그러나 그것을 표현하기 위해서는 문자에 비해 시간이 많이 걸린다. 이 글에서 주된 소통 도구로 볼 것은 첫 번째, 페이스북의 일반적 사용에서 보이는 사용자와 소프트웨어의 인터페이스·메커니즘[109]이고, 두 번째, 기구작동자, 기구사용자로 볼 수 있는 프로슈머끼리의 소통이다. 이때 소통

---

109) 메커니즘은 구성과 짜임새, 과정 등을 가리킨다. 원래는 '기계의 장치'라는 뜻이나 사물의 작용원리 또는 구조라는 뜻으로 쓰인다. 이를테면, "경기변동에는 일정한 메커니즘이 있다고 말 할 경우가 그것이다. 심리학 용어로는 인간의 행동에 영향을 미지는 심리의 작용이나 원리를 뜻한다. 이럴 경우에는 우리말로 '기제'(機制)라고 번역하여 부르기도 한다. 철학에서는 목적론과 대립되는 기계론(機械論)을 메커니즘이라고 부른다. 기계론은 자연적·필연적인 인과관계로써 우주의 사상(事象)의 생성 변화를 설명하고 있는 이론이다[네이버 지식백과 메커니즘mechanism(이해하기 쉽게 쓴 행정학용어사전, 2010.03.25., 새정보미디어).

도구는 기술적 형상으로 문자, 이모티콘, 그림, 사진, 동영상으로 분류할 수 있다.

인간과 인간이 기술적 형상을 통해 소통하면서 발현되는 능력은 지성과 이성, 감성이다. 특히 이미지와 동영상은 감성을 통해 인식과 소통을 가능하게 하고, 문자는 이성을 작동시킨다. 앞으로 기술적 형상은 가상현실, 만물인터넷 등 과학기술이 인간의 움직임을 데이터화할 때 보이지 않는 존재를 가늠할 수 있는 능력으로서 영성이 필요로 할 것으로 보인다.

프로그래밍 언어를 통해 만들어진 하드웨어를 통해 소프트웨어를 만드는 과정에서 관계 맺는 자로서의 인간이 세계와 소통하는 과정을 볼 수 있었던 것이 방송 프로그램이나 어플리케이션을 기획 제작하는 차원이라면, 이를 바탕으로 인간과 인간이 소통하는 과정이 생긴 것이 4장의 분석대상이다.

기술적 형상을 통해 기구-사용자의 인간과 인간이 소통하며 만들어 내는 기술적 형상, 소프트웨어, 콘텐츠가 어떻게 작동되는지에 대해 살펴보았다. 특히 이 분류를 위해 포털 사이트, SNS, 게임 등이 있지만, 이 글에서는 페이스북을 대상으로 하였다. 페이스북의 일반적 사용에서 보이는 것은 디바이스와 통신을 전제하는데, 디바이스의 경우 손과 귀, 손가락의 움직임을 통해 소통이 이루어진다. 특히 다리가 자유로운 것은 디바이스가 컴퓨터에 비해 현저히 작기 때문에, 이동의 자율성을 보장받는다. 이때 모바일 디바이스의 어플리케이션 아이콘은 간결하며, 사용 방법 또한 단순하다. 손가락으로 터치하거나, 쓸어내리면 된다. 뉴스피드의 내용은 페이스북 사용자의 계정에서 팔로잉을 선택한 계정만 보인다.

또한, 내용을 올리는 매뉴얼은 네 가지였는데, 라이브, 사진, 체크

인으로 이루어져 있으며, 텍스트는 비워져 있다. '무슨 생각을 하고 계신가요'의 물음과 사용자만 볼 수 있는 사용자가 찍은 사진을 보여주는 것은 적극적인 알고리즘으로의 초대이다. 컴퓨터에 비해 선택할 수 있는 아이콘의 디자인은 단순하고, 선택의 매뉴얼도 내용보다는 기능에 맞추어져있다. 의미와 내용은 분류되지 못한다. 페이스북의 뉴스피드는 흐르고, 다른 사용자들의 사용을 지켜볼 수 있다. 페이스북의 사용자들은 친구의 내용을 보고, 혹은 친구가 좋아요를 누르거나 댓글을 공개한 글들을 볼수 있으며, 그에 대한 반응을 자유롭게 할 수 있다. 이때 페이스북은 자율적 전체주의 구조를 가지고 있다. 사용자들이 상대방과의 소통에 몰두할수록, 자신의 일상과 이야기를 적극적으로 업로드할수록 페이스북을 계속 쓰라는 알고리즘에 봉사하는 것이다.

콘텐츠 리터러시

제5장
나가면서

콘텐츠 리터러시

콘텐츠 리터러시는 독창적인 관점이 필요하다. 코무니콜로기를 통해 사유하는 것은 내용이 아닌 과정을 연구의 대상으로 삼게 해준다. 플루서는 소통의 과정을 구조와 형식 등으로 체계화하였다. 소통은 유전적 정보, 문화적 정보, 물리적 정보 등 오가는 모든 것을 대상으로 한다. 오고 가는 과정에서 대화와 담론의 구조가 생긴다. 대화는 소통을 생성하는 것, 담론은 소통을 저장하는 것이다.

플루서가 사유한 소통의 구조와 형식, 관계 맺는 자를 고찰해 보면서, 기존의 카테고리를 해체하고, 재구성할 수 있는 요인을 발견할 수 있었다. 구조와 형식은 방향으로 재구성할 수 있다. 담론과 명령법, 직설법은 한 방향으로 볼 수 있고, 대화와 원망법은 탈-한 방향으로 볼 수 있다. 플루서는 관계 맺는 자를 엘리트와 대중으로 나누어 고찰하면서, 기구를 제어하는 자와 기구를 제어할 수 없고 사용하는 자들로 나누었다. 관계 맺는 자는 기구와 관계 맺는 것을 기준으로 다시 구성해 볼 수 있다. 제3장에서는 관계 맺는 자의 관계 맺음을 3가지로 구분하였다. 최초의 컴퓨터에 말을 거는 관계 맺는 자, 다음으로 콘텐츠를 기획·제작하는 차원의 관계 맺는 자, 마지막으로 관계 맺는 자끼리 관계 맺는 차원이다.

첫 번째 차원의 관계 맺는 자는 전문가 영역으로, 프로그래밍 언어 개발자, 알고리즘 전문가, 기초 수학과 과학 연구자들로 볼 수 있다. 이차원은 인간이 기계에 연산을 명령하는 것으로 시작한다. 이 소통의 형식과 구조는 명령법과 직설법의 코무니케메와 피라미드형, 나무형 담론으로 볼 수 있다. 프로그래밍 언어는 콘텐츠의 단위이자, 도구이다. 이 언어가 작동하는 과정을 살펴보면, 숫자의 연산을 명령하는 구조가 산술적으로 응축되어 있다. 0과 1 사이의 가능성을 블랙박스로 처리하고, 처리의 정확성과 속도만을 평가한다. 그러나 프로그래밍 언어로 이루어진 모든 콘텐츠는 일상적 사용자가 그 코드화 과정을 헤아리기 어렵다. 이 같은 특징은 문자나 전통적인 그림과 비교해보면 더욱 뚜렷하게 드러난다. 시간을 접어버리는 프로그래밍 기술은 그것의 의도와 상관없이 자율적 전체주의의 한계를 갖는다.

두 번째 차원의 관계 맺는 자는 콘텐츠 기획 제작자로 관계 맺는 자가 세계와 관계를 맺는 차원이다. 이때 세계란 곧 콘텐츠의 대상이며, 정보가 오고 가는 모든 것이다. 관계 맺는 자와 세계의 관계는 유형화가 필요할 만큼 범위가 넓다. 예를 들어, 카메라의 대상은 렌즈에 보이는 모든 것이다. 인물, 사건, 자연 모두 해당하며, 세계는 인간을 포함한다. 이때 유의해야 할 것은 카메라의 대상이 된 인간은 관계 맺는 자로 볼 수 없다. 이 글에서 관계 맺는 자는 기구를 통해 자신의 정보를 보낼 수 있는 것으로 보기 때문이다. 관계 맺는 자가 세계와 관계를 맺는 차원은 소통의 매개체와 소통 내용의 결합, 매개체 내의 구조 변환 등을 통해서 드러나는 기획과 생산으로 볼 수 있다.

세 번째 차원의 관계 맺는 자는 관계 맺는 자끼리의 관계에서 드러난다. 대상에 따라 1:1의 관계, 1:n의 관계, n:n의 관계로 유형화할 수 있다. 이 과정에서 관계 맺는 자는 자신을 알리고 등록하는 작업인 로그인을 전제로 하며, n은 로그인 가능한 모든 이에 해당한다. 1:1의 관계는 메신저 이용자, 1:1 설정의 게이머 구조로 볼 수 있다. 1:n의 관계는 SNS, 1:n으로 설정된 게이머 구조이다. n:n의 관계는 위키피디아, 소셜커머스, n:n으로 설정된 게이머 구조로 볼 수 있다. 이 소통의 특징은 망형 구조와 원형극장형 구조의 교집합과 구성이며, 그 확장성은 연산의 속도만큼 인간이 감각적으로 인지할 수 없다. 플루서는 대중과 엘리트를 분류하면서도, 엘리트 역시 일상의 영역에서는 대중과 구별될 수 없다고 보았는데, 이 글에서도 첫 번째 차원의 관계 맺는 자는 일상의 영역에서 두 번째, 세 번째 차원과 구별될 수 없다.

제4장에서는 감각의 입·출력을 소통 도구에 적용하여 이해하였다. 감각의 입·출력은 소통의 과정을 사유하면서 길어 올린 고찰 결과이다. 소통은 방향으로 작동되고, 이루어진다. 감각은 인간 소통의 경계인 동시에 방향을 결정짓는 곳이다. 감각은 시각, 청각, 미각, 후각, 촉각의 오감과 평형감각, 내장감각까지 일곱 가지가 있다. 이 글에서는 아직 기술로 드러나지 않은 평형감각과 내장감각은 제외하였으며, 이 두 감각은 기술의 가능성과 콘텐츠의 한계를 보완하는 차원에서 고찰하였다.

감각의 입·출력은 소통의 경계와 방향이다. 오감의 기관이 경계이고, 입·출력은 경계를 넘는 방향이다. 입력은 인간을 기준으로 정보가 들어오는 것이며, 출력은 인간의 정보가 매체로 나가는 것이다. 이러한 관점에서 콘텐츠를 누린다는 것은 감각의 입·출력 과정으로 볼 수 있다. 소통의 매개가 되는 소통 도구들은 책이나 텔레비전,

영화와 같은 전통적인 대중매체에서 인터넷 포털 사이트와 스마트폰의 어플리케이션, 포켓몬고와 같은 증강현실 게임과 아마존고의 무인 상점 등 다양하다. 이 소통 도구들을 감각의 입·출력을 적용해 보면 특징과 한계를 쉽게 이해할 수 있다.

예를 들어 책을 감각의 입·출력에 적용해 보면, 인간이 시각으로 책의 정보를 받아들일 수 있지만, 책이 인간의 정보를 받아들일 수 없으므로, 시각의 입력으로 볼 수 있다. 컴퓨터의 경우 인간이 시각과 청각을 통해 정보를 받아들이고, 손가락을 통해 매체에 정보를 보낼 수 있으므로 시·청각의 입력과 촉각(손가락)의 출력으로 볼 수 있다. 감각의 입·출력을 통해 책과 컴퓨터의 공통점과 차이점을 새로운 기준에서 고찰해 볼 수 있다. 기존의 다양한 플랫폼과 콘텐츠, 아직 드러나지 않은 플랫폼도 일관된 기준을 통해 좌표를 정해줄 수 있다.

감각의 입·출력을 소통 도구에 적용하여 해석해 봄으로써 과거 인류 소통을 이해하고, 현재 소통의 진단과 미래 소통을 전망할 수 있다. 불과 얼마 전까지만 해도 인간은 책이나 텔레비전을 통해 정보를 받아들이는 것에만 익숙했다. 하지만 컴퓨터와 스마트폰 등의 기술이 드러나면서 인간은 정보를 주고받거나 프로그래밍을 일상적으로 할 수 있게 되고, 다양한 플랫폼과 콘텐츠는 인간 감각의 입·출력을 실현하게 하고 있다. 그럼에도 불구하고 우리는 여전히 후각이나 미각보다는 시각이나 청각, 촉각의 입·출력에 익숙하다.

하지만 앞으로 가상현실과 인공지능의 기술을 통해 인간의 다양한 감각이 입·출력할 수 있게 되리라는 것을 짐작할 수 있다. 또한, 감각의 입·출력에서 방향을 전환하고 재구성하면 새로운 소통 도구 기획에 접근할 수 있다. 예를 들어 후각 플랫폼의 활성화와 같은 것이다. 후각은 정보를 받아들이는 감각으로 보는 데 익숙하다. 시각 역시 정보를 받아들이는 감각으로 보는 데 익숙했다. 하지만 눈빛이 정보를 보내어 가상현실 게임을 진행하는 현대의 기술을 지켜보면, 익숙한 것들은 발상 전환의 대상임이 드러난다.

인간이 내쉬는 공기와 미세먼지를 정보로 보고, 인공지능을 통해 사용자가 필요로 하는 공기나 향을 제공하는 후각 플랫폼의 기획이 가능하다. 인공지능 스페이스는 공간의 경계인 벽, 천장, 바닥에 오감의 센서를 프로그래밍한 것이다. 또 구조의 방향 전환을 통해 공간의 역방향인 공적 장소에서 인간의 사건을 콘텐츠화하는 발상이 가능하다. 이를 채널로 전환하면, 곧바로 뉴스, 다큐멘터리 혹은 드라마가 될 수 있다.

감각의 입·출력을 전환하고 재구성함으로써 새로운 콘텐츠 혹은 플랫폼을 기획할 수 있다는 점은 소통 도구에 대한 소통학적 사유가 가지는 함의를 짐작할 수 있다. 기존에 내용 전문가가 콘텐츠를 기획하는 경우, 공학에서 발견한 플랫폼에 내용을 결합하는 방식 외에는 방법이 없었다. 하지만, 소통의 과정을 사유하면서 얻어낸 감각의 입·출력을 재구성하면, 공학에서 발견하지 못한 플랫폼 기획에 접근할 수 있으며, 소통의 구조와 방향 전환을 통해 새로운 기획 방법을 모색할 수 있다.

특히, 인문학이 자신의 도구인 문자와 의미만을 연구의 대상으로 삼았다면, 소통의 지평을 통해 숫자 및 공학의 도구들을 사유의 대상으로 삼으면서, 그것이 가지고 있는 근본적인 한계를 분명하게 지적해 줄 수 있다. 또한, 소통의 과정을 사유하면서 기존의 경계를 해체하는 기준을 모색할 수 있다. 문자의 이데올로기에서 시각의 입력은 이성을 활성화했다. 다양한 감각의 입·출력은 탈이성을 활성화할 것이다. 탈이성은 논리가 아닌 직감적으로 느끼는 직관과 같은 것이다. 지금까지 콘텐츠를 바라보는 관점은 시각의 입력과 이성이 활성화된 평면적인 것이었다. 이 글은 다양한 감각과 직관으로 콘텐츠를 바라보는 입체적인 관점의 출발이다. 이는 주어진 문제해결에 몰두하는 공학과 그 주변 학문에 영감을 제공함으로써 인문학이 공학 및 산업을 선도할 수 있다는 점에서 의미가 있다.

감각의 입·출력으로 본 소통 도구의 분석은 감각의 입·출력의 전환과 재구성을 통해 기획할 수 있음을 보여준다. 또한, 시각이 아닌 오감으로 정보를 주고받는 콘텐츠는 이성이 아닌 직관을 활성화시킨다는 것을 알 수 있다. 더불어 인간을 기만 하는 기술적 형상의 특징으로부터 자유로워지기 위해서는 기만을 의식하고 기획을 하는 방법도 있지만, 콘텐츠의 본질적 특성을 해체하는 작업도 요구된다. 그것은 명령법과 직설법으로 이루어진 프로그래밍, 연산이 가능한 숫자의 본질에 관한 연구이다. 이는 명령법과 직설법의 응축으로 이루어진 수학에 원망법을 적용하는 것이며, 기초 수학의 블랙박스에 관한 연구로 귀결된다.

이 글은 기술적 형상의 작동 과정을 살펴보는 코무니콜로기에서 출발하여 콘텐츠가 어떻게 작동하는지 살펴보면서, 분류 기준을 도출하고, 소통 도구들을 감각의 입·출력에 적용해 보았으며, 감각의 입출력을 재구성하여 기획이 가능하다는 것을 밝히고자 하였다.

지금까지 콘텐츠 기획은 내용전문가들이 매체에 내용을 대입하는 방식이었다. 또한, 콘텐츠 분석 및 연구 역시 내용전문가들이 내용만을 대상으로 하는 것이 많았다. 필자는 문화콘텐츠학이 새로운 응용인문학으로 출발했지만, 과거 인문학의 방법을 맴돌면서, 현실적인 문제의식에 접근하지 못하고 있다는 물음을 가지고 있었다. 이 연구는 내용전문가만을 위한 문화콘텐츠학이 아닌 현실과 소통하는 콘텐츠 기획에 대한 이해와 모색이며, 기술의 본질적 한계로부터 자유롭고, 풍요로운 인간의 소통을 지향하고자 하였다.

참고
문헌

1. 단행본

1.1 국내문헌

김성재,『플루서, 미디어 현상학』, 커뮤니케이션북스, 2013.

노르베르트 볼츠,『미디어란 무엇인가』, 김태옥·이승협 옮김, 한울, 2011.

＿＿＿＿＿＿,『보이지 않는 것의 경제』, 유현주 옮김, 문학동네, 2008.

니콜라스 네그로폰테,『디지털이다』, 백욱인 옮김, 커뮤니케이션북스, 1995.

도미니크 불통,『불통의 시대 소통을 읽다』, 채종대·김주노·원용옥 옮김, 살림, 2011.

마샬 맥루언,『미디어의 이해』, 김성기·이한우 옮김, 민음사, 2002.

＿＿＿＿＿＿,『구텐베르크 은하계』, 임상원 옮김, 커뮤니케이션북스, 2001.

발터 벤야민,『기술복제시대의 예술작품』, 최성만 옮김, 도서출판 길, 2007.

볼터·그루쉰,『재매개: 뉴미디어의 계보학』, 이재현 옮김, 커뮤니케이션 북스, 2006.

빌렘 플루서,『그림의 혁명』, 김현진 옮김, 커뮤니케이션북스, 2004.

＿＿＿＿＿＿,『사진의 철학을 위하여』, 윤종석 옮김, 커뮤니케이션북스, 1999.

＿＿＿＿＿＿,『코무니콜로기』, 김성재 옮김, 커뮤니케이션북스, 2001.

＿＿＿＿＿＿,『피상성 예찬』, 김성재 옮김, 커뮤니케이션북스, 2004.

심혜련,『사이버스페이스 시대의 미학』, 살림, 2006.

에드워드 홀,『숨겨진 차원: 공간의 인류학』, 최효선 옮김, 한길사, 2002.

에레즈 에이든·장바디스트 미셸, 『빅데이터 인문학』, 김재중 옮김, 사계절, 2015.

요시미 순야, 『미디어문화론』, 안미라 옮김, 커뮤니케이션북스, 2005.

유발 하라리, 『호모 데우스』, 김명주 옮김, 김영사, 2017.

이기상·박범준, 『소통과 공감의 문화콘텐츠학』, Huine, 2016.

이영돈, 『영상 콘텐츠 제작 사전』, 커뮤니케이션북스, 2014.

장해랑, 『TV 다큐멘터리 세상을 말하다 : 현장 PD 4인의 다큐멘터리 제작론』, 샘터, 2004.

제레미 리프킨, 『공감의 시대』, 이경남 옮김, 민음사, 2010.

진중권, 『이미지 인문학1』, 천년의 상상, 2014.

진중권, 『이미지 인문학2』, 천년의 상상, 2014.

켄 윌버, 『통합심리학』, 조옥경 옮김, 학지사, 2008.

프랑크 하르트만, 『미디어 철학』, 이상엽·강웅경 옮김, 북코리아, 2008

함석헌, 『뜻으로 본 한국역사』, 한길사, 1995.

1.2 해외문헌

Randall Hyde. The Art of Assembly Language. No Starch Press, San Francisco, CA, USA, 2nd edition, 2010.

Luhmann, N., Die Realität der Massenmedien, Opladen: Westdt. Verl, 1996.

Manovich, Lev., "Reality Effect in Computer Animation", A Reader in Animation Studies, Ed. Jayne Pilling. Sidney: John Libbey, 1997.

_____, "What is Digital Cinema?", The Digital Dialectic: New Essays on New Media, Ed. Peter Lunenfeld. Cambridge, MA: MIT P, 2000.

McLuhan, M., Letters of Marshall McLuhan, Oxford University Press, 1987.

Anders, Günther, Die Antiquiertheit des Menschen: Über die Seele im Zeitalter der zweiten industriellen Revolution, MÜnchen, 1968.

_____, "Die Antiquiertheit des Menschen", Bd.1: Über die Seele im Zeitalter der zweiten industriellen Revolution, München, 7/1988 (1956)

Flusser, V., "Menschwerdung", Vom Subjekt zum Projekt, Frankfurt: Fischer, 1998b.

_____, Krise der Linealität. Vortrag im Kunstmuseum Bern, Wabern: Benteli, 1992.

_____, Lob der Oberflächlichkeit. Für Phänomenologie der Medien, Schrifften Band 1, Mannheim: Bollomann, 1993.

_____, "Vorlesungen zur Kommunikologie", Kommunikologie, Schrften Band 4, Frankfurt: Fischer, 1998a.

Alexander R. Galloway, Protocol, or, how control exists after decentralization, The MIT Press Cambridge, Massachusetts London, England, 2004

Jeff Scheible, Digital Shift−The Cultural Logic of Punctuation, University of Minnesota Press, 2015

Hall, S., "Cultural Studies and the Centre: Some Problem", S. Hall et al. (eds), Culture, Media, Language, London: Hutchinson, 1980

Scherber, Peter, Vilém Flusser und der Paradigmenwechsel zur Internetkultur, Slavisticna Revija; Ljubljana 65.1 (Jan/Mar 2017)

2. 학술지논문

2.1 국내 학술지

강지은, 「논문 : 칸트의 반성적 판단력과 의사소통의 가능성」, 『시대와 철학』, Vol.21, No.1, 2010.

강진숙·장성준, 「텔레마틱 사회의 대화형 매체와 소통 형식에 대한 연구 :

빌렘 플루서의'코무니콜로기'를 중심으로 : 텔레마틱 사회의 대화형 매체와 소통 형식에 대한 연구」, 『한국출판학연구』, Vol.-, No.54, 2008.

강진숙, 「SNS 이용자의 정치참여에 대한 현상학적 연구」, 『한국언론정보학보』, Vol.62, No.-, 2013.

강진숙, 「탈문자시대의 미디어 문화와 이용자에 관한 이론적 연구 - 포스터, 플루서, 비릴리오의 입장을 중심으로 : 탈문자시대의 미디어 문화와 이용자에 관한 이론적 연구」, 『한국출판학연구』, Vol.-, No.51, 2006.

고선정, 「현대사회의 디자인과 커뮤니케이션 매체와의 상호작용—빌렘 플루서의 이론을 중심으로-」, 『한국디자인포럼』, Vol.45, No.-, 2014.

권보연, 「가상 세계 진화 모델로서 소셜 미디어의 공간 특성 연구 : 들뢰즈 가타리의 공간 개념을 중심으로」, 『인문콘텐츠』, Vol.- No.21, 2011.

김겸섭, 「미디어의 이중성, 담론과 대화 : 빌렘 플루서의 매체철학」, 『인문과학연구』, Vol.37, No.-, 2011 .

김무규, 「디지털 영상의 기술적 원리와 구성주의적 특성 : 빌렘 플루서의 기술적 형상 개념을 중심으로」, 『한국방송학보』, Vol.29(5), 2014

김무규, 「디지털 영상의 기술적 원리와 구성주의적 특성」, 『한국방송학보』, Vol.28, No.5, 2014.

김병주, 「미디어 현상학 관점에 따른 브랜드 아이덴티티의 가변화에 관현 연구」, 『한국디자인문화학회지』, Vol.22. No.3, 2016.

김성호·심희정, 「빌렘 플루서와 미디어 문화 '기술적 형상'을 중심으로」, 『예술과 미디어』, Vol.5, No.1, 2006.

김영욱, 「포스트모던 그림책의 미장아범(Mise-en-Abyme)-나의 빨강책과 시간상자를 중심으로」, 『동화와 번역』, Vol.24, No.-, 2012.

김은주, 「애니메이션 <썸머워즈>의 가상공간 분석 : 빌렘 플루서와 폴 비릴리오를 중심으로」, 『디지털디자인학연구』, Vol.33, No.-, 2012.

김은주·김재웅, 「애니메이션 <썸머 워즈>의 가상공간 분석 : 빌렘 플루서와 폴 비릴리오를 중심으로」, 디지털디자인학연구, 12권 2012.

김진택, 「행위자 네트워크 이론(ANT)을 통한 문화콘텐츠의 이해와 적용 : 공간의 복원과 재생에 대한 ANT의 해석」, 『인문콘텐츠』, Vol.- No.24, 2012.

김효은, 「코무니케메 원망법으로 본 콘텐츠 프로토콜」, 한국콘텐츠학회 종합학술대회 논문집, Vol.-, No.5, 2017.

민춘기, 「뉴미디어 시대의 소통과 글쓰기에 대하여」, 『교양교육연구』, Vol.9, No.1, 2015.

박상우, 「빌렘 플루서의 매체미학 : 기술 이미지와 사진」, 『미학예술학연구』, Vol.44, No.-, 2015.

박상우, 「빌렘 플루서의 사진과 기술이미지 수용론」, 『영상문화』, Vol.27. No.-, 2015.

박치완, 「디지털시대에서 예술작품과 그 위상 – 창조와 제작의 딜레마」, 『세계문학미교연구』, Vol.32, No.-, 2010.

배무진, 「인터넷 공간에서의 커뮤니케이션 기능과 이용에 대한 미학적 접근 : 빌렘 플루서의'커뮤니케이션 이론'을 중심으로」, 『한국방송학회 학술대회 논문집』, Vol.2009, No.4, 2009.

성미나, 「자기표현의 문화콘텐츠, 연극의 새로운 가능성」, 『문화 더하기 콘텐츠』, Vol.-, No.3, 2013.

손희정, 「우리 시대의 이방인 재현과 자유주의적 호모내셔널리티 : JTBC <비정상회담>을 경유하여」, 문화과학, Vol.81, 2015.

송대섭·하임성, 「현대 디지털 예술작품의 복제성에 대한 고찰」, 『만화애니메이션연구』, Vol.-, No.17, 2009.

송원진·윤준성·김인섭, 「텔레마틱 인터페이스의 예술적 변용과 의미에 관한 연구」, 『기초조형학연구』, Vol.13, No.4, 2012.

송해룡·김경희, 「위험의 모순적 양면성」, 『혜세연구』, Vol.29, No.-, 2013.

양우석, 「기계에서 장치로 –헤겔과 플루서의 "기계철학"」, 『헤겔연구』,

Vol.39. No.-, 2016.

오미영, 「인터넷 여론과 소통의 집단 극화(極化)」, 『현상과 인식』, Vol.35 No.3, 2011.

육현승, 「미디어와 기억 : 미디어 역사적 발전에 따른 기억에 대하여」, 『에피스테메』, Vol.-, No.4, 2010.

윤인선, 「디지털 시대, '기술적 상상'을 통해 형상화된 한글의 공공-소통 양상과 가치」, 『기호학연구』, Vol.49. No.-, 2016.

이경미, 「인터미디어 시노그래피공간, 라이브니스, 현존에 대한 담론의 재구성」, 『드라마연구』, Vol.-.No.47, 2015.

이기상, 「문화콘텐츠학의 이념과 방향 : 소통과 공감의 학」, 『인문콘텐츠』 제23호, 인문콘텐츠학회, 2011.

이기상, 「지구촌 시대의 존재사건과 통합적 시각의 필요성」, 『현대유럽철학연구』, Vol.24, No.-, 2010.

이기상, 「현상과 미디어」, 『존재론 연구』, 제30집, 2012.

이미경·박진완, 「이미지 기반 SNS의 사용성 평가 연구」, 한국콘텐츠학회논문지, Vol.16 No.8, 2016.

이윤희, 「디지털 시대 문자의 특성에 관한 고찰」, 『기초조형학연구』, Vol.7, No.2, 2006 .

이찬웅, 「플루서의 매체 이론과 포스트휴머니즘」, 『기호학연구』, Vol.39, No.-, 2014.

임유영, 「빌렘 플루서의 기술적 상상력과 새로운 글쓰기」, 『인문학연구』, Vol.36, No.1, 2009.

장성준, 「'강의석 알몸 시위'와 인터넷 담론 : 빌렘 플루서의 커뮤니케이션 이론을 중심으로」, 『한국언론정보학회 학술대회』, Vol.-, No.10, 2008.

조선령, 「장치 개념과 이미지 이론의 확장 : 플루서와 아감벤의 접점을 중심으로」, 『미학예술학연구』, Vol.45, No.-, 2015.

최성익·정석길, 「산업디자인의 매체적 기능 연구 1」, 『디지털디자인학연구』, Vol.14, No.4, 2014.

2.2 해외 학술지

Jochen Brning, Mathematics, media, and cultural techniques, Common Knowledge, 2013, Vol.19(2)

Fuchs, Christian, A Contribution to Theoretical Foundations of Critical Media and Communication Studies, Javnost — The Public, 01 January 2009, Vol.16(2),

Scherber, Peter, Vilém Flusser und der Paradigmenwechsel zur Internetkultur Alternate title: Vilém Flusser and the Paradigm Change Towards Internet Culture, Author Information Slavistična Revija; Ljubljana65.1 (Jan/Mar 2017)

3. 학위논문

3.1 국내 학위논문

강요나, 「온라인 1인 미디어의 뷰티정보 제작자와 이용자 경험에 대한 질적 연구」, 중앙대학교 대학원 석사학위논문, 2017.

강욱, 「현대도시에서의 공공성 및 공공 영역의 재해석을 통한 디자인 접근에 관한 연구 : 현대 도시에서 확장된 의미로서의 공공성을 중심으로」, 인하대학교 대학원 석사학위논문, 2003.

강지은, 「칸트 미학에서 반성적 판단력과 의사소통의 가능성에 관한 연구」, 건국대학교 대학원 박사학위논문, 2010.

고선정, 「현대사회의 커뮤니케이션 디자인과 매체미학 : 빌렘 플루서의 이론을 중심으로」, 홍익대학교 대학원 석사학위논문, 2008.

김금숙, 「외국인을 위한 한국문학 교육 목표와 수업 모형 연구」, 강원대학교 대학원 박사학위논문, 2014.

김덕유, 「디지털 영상 세대의 독서문화 연구 : 심층인터뷰를 이용한 학생과 교사의 인식 사례를 중심으로」, 중앙대학교 신문방송대학원 석사학위논문, 2009.

김보령, 「포토저널리즘에 있어서 소셜미디어 스토리텔링에 관련 연구: 오바마 정부의 백악관 사진을 중심으로」, 상명대학교 예술디자인대학원 석사학위논문, 2013.

김상섭, 「비판적 포스트휴머니즘 담론으로서의 빌렘 플루서의 매체이론」, 전남대학교 석사학위논문, 2016.

김영은, 「소셜 네트워크 서비스를 활용한 사회적 시청 효과에 관한 연구 : 페이스북 이용의 네트워크적 성향과 동기를 중심으로」, 중앙대학교 박사학위논문, 2015.

김창언, 「사이버공간에서 버추얼이미지의 하이퍼미디어시효과 : 형태소의 데이터베이스 구축을 중심으로」, 홍익대학교 대학원 박사학위논문, 2012

김택용, 「디지털 사진의 매체적 특성 : 빌렘 플루서의 '매체 이론'을 중심으로」, 홍익대학교 대학원 석사학위논문, 2012.

김현주, 「매체와 기법 확장을 통한 시각적 표상 연구 : 판화를 기반으로 한 회화와 조각의 활용」, 홍익대학교 대학원 박사학위논문, 2015.

김형식, 「사진과 스튜디오, 그리고 거짓에 관하여 : <Seascape>, <Studio Practice>, <Distortion> 연작을 통한 연구」, 중앙대학교 대학원 석사학위논문, 2016.

김혜영, 「스마트미디어 이용자들의 기술적 상상에 대한 연구 : 플루서의 코무니콜로기론을 중심으로」, 중앙대학교 대학원 석사학위논문, 2012.

노정원, 「들뢰즈 철학의 수학교육적 함의」, 서울대학교 석사학위논문, 2017

박범준, 「소통의 문화콘텐츠학 학문적 체계 연구」, 한국외국어대학교 박사학위논문, 2014.

박세영, 「텔레마틱 사회의 태블릿 PC 기반 전자책 이용문화 연구 : 빌렘 플루서의 코무니콜로기를 중심으로」, 중앙대학교 신문방송대학원 석사학위논문, 2012.

박은진,「페이스북 이용자의 네트워크 특성과 이용행태의 관계에 관한 연구」, 서울대학교 석사학위논문, 2014.

박성호,「TV 방송사 기자들의 조직 내 소통 특성과 언론인식 연구」, 국민대학교 박사학위논문, 2016.

방승애,「소셜 미디어 아트 : 소셜 미디어 기반 예술 활동의 확장성에 관한 연구」, 숭실대학교 박사학위논문, 2013.

서어진,「빌렘 플루서의 매체 현상학」, 서울시립대학교 일반대학원 석사학위논문, 2014.

심호빈,「빌렘 플루서의 디지털 상상론 : 컴퓨터 게임의 상호작용성을 중심으로」, 부경대학교 대학원 석사학위논문, 2016.

유은,「'모호성'의 관점으로 본 하이퍼텍스트의 디자인가치에 대하여」, 홍익대학교 대학원 석사학위논문, 2005.

윤보영,「페이스북 이용 유형에 따른 플로우(FLOW) 경험에 관한 탐색적 연구」, 서강대학교 석사학위논문, 2013.

이동미,「디지털 시대의 글쓰기 : 빌렘 플루서의 『디지털 시대의 글쓰기』를 중심으로」, 중앙대학교 대학원 석사학위논문, 2007.

이동원,「기술이미지 춤의 코드화 : 빌렘 플루서의 코무니콜로기를 기반으로」, 성균관대학교 박사학위논문, 2017.

이요훈,「블로고스피어의 의미투쟁 과정에 대한 연구 : 아프가니스탄 피랍사건을 중심으로」, 중앙대학교 대학원 석사학위논문, 2009.

이준의,「뉴미디어 아트에서 디지털 사진의 이중시각화에 관한 연구 : 사진·동영상의 융합과 교차변환을 통한 본인 작품을 중심으로」, 중앙대학교 첨단영상대학원 박사학위논문, 2011.

이현필,「저소득층 아동의 멀티미디어 활용 교육에 대한 인식 연구 : 플루서의 기술적 형상과 바이케의 미디어 능력을 중심으로」, 중앙대학교 신문방송대학원 석사학위논문, 2017.

이희정, 「SNS(social network service)내 상호작용 영향요인과 소비자의 정보
　　구전 의도에 대한 연구」, 서울대학교 박사학위논문, 2012.

임도연, 「뉴미디어의 양상고찰과 트위터 분석 : 소셜 네트워크 서비스 <트위
　　터>를 중심으로」, 한국외국어대학교 대학원 석사학위논문, 2014.

임방준, 「재한 중국유학생들의 UCC이용문화연구: 플루서와 비릴리오의 매체
　　이론을 중심으로」, 중앙대학교 대학원 석사학위논문, 2010.

임서희, 「공연 예술의 환영성과 감각 경험의 변화 : 프로젝션 맵핑 기술을
　　중심으로」, 고려대학교 대학원 석사학위논문, 2016.

장성권, 「소셜 미디어 분석을 통한 미디어 문화 연구」, 전남대학교 문화전문
　　대학원 석사학위논문, 2013.

장성준, 「소셜 미디어 이용자의 '기술적 상상'과 '집단지성'에 대한 연구 : 플루
　　서와 레비의 미디어 사상을 중심으로」, 중앙대학교 대학원 박사학위논
　　문, 2012.

장현미, 「SNS 글쓰기는 다정한 사람을 만드는가? : 페이스북에서 글쓰기가
　　공감경험과 친사회행동에 미치는 효과」, 서울대학교 박사학위논문, 국
　　내박사.

정지나, 「실험 영화의 구조적 행위에 관한 뉴 미디어 고찰 : 1960년대 이후
　　구조영화(Structural Film)를 중심으로」, 홍익대학교 영상대학원 석사학
　　위논문, 2009.

정지슬, 「현대 소통매체의 활용과 사진의 매체적 활용 연구 : 빌렘 플루서의
　　매체 이론을 중심으로」, 중앙대학교 대학원 석사학위논문, 2015.

최성익, 「산업디자인의 매체지각 분석에 따른 상호작용 연구」, 중앙대학교
　　박사학위논문, 2015.

최희재, 「페이스북의 이용 기간과 게시반응의 관계에 관한 연구 : 크롤링 데
　　이터의 시계열 분석」, 서울대학교 석사학위논문, 2016.

하초원, 「인터랙티브 시네마의 미디어 특성 연구 : 빌렘 플루서의 텔레마틱
　　이론을 중심으로」, 부경대학교 대학원 석사학위논문, 2014.

한혜경, 「출판패러다임 변화에 따른 퍼블리싱 콘텐츠 확장성에 관한 연구 : 빌렘 플루서의 커뮤니케이션 이론 중심으로」, 홍익대학교 일반대학원 박사학위논문, 2013.

홍정표, 「전자책 콘텐츠 제작자 인식 연구 : 플루서의 미디어 이론을 중심으로」, 중앙대학교 신문방송대학원 석사학위논문, 2010.

3.2 해외 학위논문

Oah, Jungtaeg, Communication Balance in the Telematic Society and Users' Technical Imagination, Universität Leipzig, ; Lietz, 2015.

4. 기타자료

4.1 인터넷 사이트

구글학술검색 www.scholar.google.com

국회도서관 http://www.nanet.go.kr

네이버 지식백과 www.naver.com

포항공대 MOOC 교육프로그램

http://www.postechx.kr/ko/courseware/15428

학술연구정보서비스 www.riss.kr

Flusser Study http://www.flusserstudies.net/flusser

Flusser Archive http://www.flusser-archive.org

4.2 신문 · 보도자료

오정택, 「한국 소셜미디어 이용자의 다섯유형」, 대학원 신문, 322호, 2015. 10.5.

페북에 취향저격 글만 뜬다면 이미 당신은 위험수위?

http://blog.naver.com/PostView.nhn?blogId=businessinsight&logNo=22106

9207181&redirect=Dlog&widgetTypeCall=true

문화일보 경제,"창의력, 無에서 有 아닌 전혀 관계없는 것을 연결하는 능력"

http://www.munhwa.com/news/view.html?no=20170602010329210077001

IT조선, 한국 연구진, 인공지능 시대 위한 신개념 '4진법' 연산소자 구현

http://it.chosun.com/news/article.html?no=2830400

JTBC News,'노벨상' 세포부터 우주탄생까지 …'비밀'에 한 걸음 더

https://www.youtube.com/watch?v=dSSIPoUrZBo&feature=share

동아일보, 4차산업혁명 속 VR,"콘텐츠와 플랫폼, 미디어를 아우른다"

http://news.naver.com/main/read.nhn?mode=LSD&mid=sec&oid=020

&aid=0003067826&sid1=001

콘텐츠 리터러시

ⓒ 김효은(2023)

초판 인쇄 2023년 02월 20일
초판 발행 2023년 02월 25일

지 은 이 김효은
발 행 인 안우리
발 행 처 스토리하우스
연 락 처 02-3217-0431
주   소 서울시 종로구 자하문로 301 2층

ISBN 979-11-85006-38-3 (03300)
* 잘못된 책은 교환하여 드립니다.

정가 15,000원